中等职业教育课程改革教材

税收基础

总 主 编　刘玉祥　杨福军
本书主编　唐胜楠　王长勇　赵营伟

山东城市出版传媒集团·济南出版社

图书在版编目（CIP）数据

税收基础 / 刘玉祥，杨福军主编. —济南：济南出版社，2019.4

ISBN 978-7-5488-3598-1

Ⅰ.①税… Ⅱ.①刘… ②杨… Ⅲ.①税收管理—中国—中等专业学校—教材 Ⅳ.①F812.423

中国版本图书馆CIP数据核字（2019）第040540号

出 版 人	崔　刚	
责任编辑	冀瑞雪　冀春雨	
外　　编	张宏翔	
审　　读	任肖琳	
封面设计	胡大伟	
版式设计	谭　正	
出版发行	济南出版社	
地　　址	山东省济南市二环南路1号（250002）	
编辑热线	0531－86131747（编辑室）	
发行热线	86131747　82709072　86131729　86131728（发行部）	
印　　刷	山东联立文化发展有限公司	
版　　次	2019年4月第1版	
印　　次	2019年4月第1次印刷	
成品尺寸	185 mm×260 mm　16开	
印　　张	15	
字　　数	230千	
印　　数	1—5000册	
定　　价	49.00元	

（济南版图书，如有印装错误，请与出版社联系调换。联系电话：0531-86131736）

编 委 会

总 主 编　刘玉祥　杨福军

本书主编　唐胜楠　王长勇　赵营伟

本书参编　陈　雪　李春会　张珍珍

丛书编委（以姓氏笔画为序）

于守良	王长勇	王永智	王旭生	王京光
王　青	刘玉祥	刘永田	刘志鹏	刘振涛
李　康	李庆云	李志秀	李建忠	李春会
李　婧	李精明	李静雅	李璐瑶	杨　静
杨福军	宋在旺	张　磊	张友涛	张学友
张金熙	张珍珍	张新坤	张慧杰	陈　雪
单恩强	赵　凤	赵晓丽	赵营伟	胡　萍
胡晓丹	袁琳琳	徐荣娟	高洪彬	唐胜楠
崔春胜	崔保丽	常成磊	韩卫国	程鹏飞
戴红彬	魏　楫			

汉唐书局

序

近年来，从中央到地方，再到各级各类职业院校，都将课程改革视为职业教育内涵式发展的抓手。无论是职业教育国家专业教学标准的开发，还是山东省实施的一系列职业教育质量提升计划，其实质都是希望能够借助课程这一中介撬动区域职业教育的全面改革。课程问题牵一发而动全身，它不仅是行政部门管理职业教育办学质量的重要媒介，也是地方与学校进行资源配置与质量考核的参考依据，更是教师与学生组织教学活动不可或缺的手段。基于对课程重要性的认识，全国各高校与职业院校也都投入大量资源，开展职业教育课程理论与课程开发技术研究，力求能够探索出一套理论性强、贴近我国职业教育办学实际、且行之有效的课程开发技术。

"职业教育项目课程"是华东师范大学徐国庆教授倾注十余年心血所打造的职业教育课程开发技术，该技术立足于社会职业和工作世界的根本性变革，基于联系论、结构论、综合论、结果论的理论框架，吸收了美国、德国等职业教育先进国家课程开发的宝贵经验，并结合了我国职业教育课程开发的已有成果。该技术的优势在于紧紧抓住当前我国职业教育课程开发与实施过程中出现的根本问题与典型问题，通过"专业教学标准—课程标准—教学设计—任务操作单—学生工作页"的系统设计，为职业教育课程开发提供了一套科学成熟的解决方案。这一方案突破了过去职业教育课程开发"方向不清""操作性不强""成果不显著"的问题，已在包括"寿光职业教育中心学校"在内的诸多职业院校中广泛使用，成效显著。

寿光职教中心编写的这套项目课程教材与案例，是学校老师在以徐国庆教授领衔的团队的指导下，用三年时间打磨完成的。三年间，徐国庆教授及团队成员多次前往学校开展现场教学、理论讲座和专题研讨。刘玉祥校长及学校管理团队高度重视这项学校内涵建设的重要工程，在制度建设、资源分配等方面给予了诸多倾斜，可以说，没有学校领导的重视，就不会有这套教材的出版。但是，这套教材的最大功臣与受益者应该是寿光职教中心的老师和学生，这套项目课程教材与案例就是近三年教师学习与实践成果的精华。三年课程建设中，学校的每位老师都参与到了课程建设内容丰富、形式多样的活动当中，他们在现场聆听与提问，并亲自动手编写专业教学标准、课程标准、教学设计、任务单等课程材料，然后将它们应用于教学过程中，并不断地验证、修改和完善。在这个过程中，不仅老师的课程开发能力与教学水平得到提升，学生也受益于课程体系与教学模式的改革，在职业能力与综合素质上有了更为突出的表现。

从这套教材中，我们可以领略项目课程在系统设计和实施过程中的独特性、灵活性、科学性与本土性，领略到寿光职教中心的教师在课程开发与实施过程中的实践智慧与创造能力，领略到寿光职教中心作为全国示范性职业学校的改革活力与丰硕成果。

职业教育项目课程开发是一个长期的过程，希望这套课程建设成果能够在今后的实践当中不断完善，更好地服务于区域技术技能人才的培养。

李　政[1]

于美国匹兹堡大学

2018年6月30日

---

[1]李政博士是华东师范大学徐国庆职业教育项目课程团队的核心成员，全程参与了寿光市职业教育中心学校的课程建设。

目 录

项目一 增值税的计算与纳税申报

● 项目描述 ●

　　根据东方公司、远昌公司2019年4月份的经济业务内容和单据（包括增值税专用发票、普通发票和收据），利用一般纳税人和小规模纳税人的增值税计算方法，完成该两家公司2019年4月份增值税的计算与纳税申报。

模块一 一般纳税人增值税计算

一、教学设计

（一）模块描述

　　根据东方公司2019年4月份的经济业务内容和单据（包括增值税专用发票、普通发票和收据），利用一般纳税人的增值税计算方法，完成该公司2019年4月份增值税的计算。

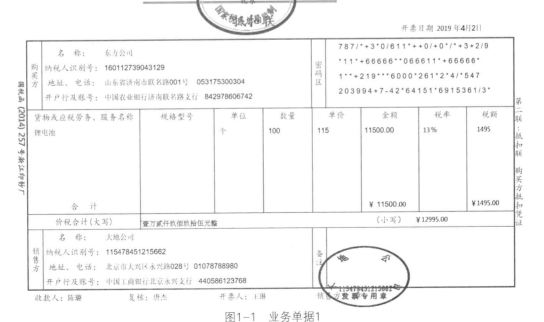

图1-1 业务单据1

图1-2 业务单据2

（二）教学目标

◎ 能判断一般纳税人增值税的征税范围及税率。

◎ 能完成一般纳税人增值税税费的计算。

◎ 能合理运用国家增值税税收优惠政策，减轻企业税负。

（三）教学资源

◎ 多媒体PPT课件　实物投影仪　任务操作单　学生工作页

◎ 东方公司经济业务内容和原始单据

◎ 学生自带工具：财会专用笔　计算器

（四）教学组织

本模块的教学关键是技能的训练，基于东方公司2019年4月份经济业务内容和单据，以及对一般纳税人增值税应纳税额计算方法的理解，逐步展开任务，由学生独立完成东方公司2019年4月份增值税应纳税额的计算。由教师先行讲解一般纳税人增值税的税率、纳税范围和计算方法；学生以4~6人为一个小组进行讨论，确定东方公司适用的增值税税率以及纳税范围；然后，让学生完成东方公司2019年4月份增值税应纳税额的计算；各小组进行展示汇报，加强学生团结合作意识，教师进行总结点评；最后环节是师生共同将本节课的知识点进行归纳，尤其是一般纳税人增值税的计算方法，此项由学生通过实践后再总结出，以加深学生印象。

（五）教学过程

阶段	项目教学过程		学生学的活动	教师教的活动
1	项目引入	项目描述	1. 接受任务，形成小组 2. 理解学习目标：能判断一般纳税人增值税的征税范围及税率；能完成一般纳税人增值税税费的计算；能合理运用国家增值税税收优惠政策，减轻企业税负	1. 展示东方公司2019年4月份的经济业务内容与票据 2. 根据一般纳税人的增值税计算方法，完成东方公司2019年4月份增值税应纳税额的计算，做到准确无误
		知识准备	1. 能熟知一般纳税人增值税的纳税范围和税率 2. 能记住一般纳税人增值税的计算方法	解释性讲解一般纳税人增值税的纳税范围、税率、计算方法
		任务定位	1. 查询增值税征税范围、税率 2. 梳理相关概念 3. 根据东方公司2019年4月份经济业务，完成对东方公司2019年4月份增值税应纳税额的计算	1. 发放"项目一模块一：一般纳税人增值税计算"任务操作单、学生工作页 2. 示范一般纳税人增值税的计算 3. 在学生完成任务过程中，指出学生出现的错误；在学生进行咨询时，给予指导和帮助 4. 归纳性讲解学生在进行一般纳税人增值税计算的过程中存在的共性问题 5. 确认所有学生明确任务并进入了工作者角色
2	项目实施	确定纳税人类别	1. 小组查看东方公司2019年4月份经济业务内容 2. 小组确定东方公司为增值税一般纳税人 3. 小组理解一般纳税人增值税计算流程	1. 描述性讲解一般纳税人增值税计算 2. 对学生关于一般纳税人的认定进行评价

阶段	项目教学过程		学生学的活动	教师教的活动
2	项目实施	确定销项税额	1. 观察与理解一般纳税人增值税的征税范围；确定销项税额 2. 按照东方公司2019年4月份的经济业务内容和原始单据，确定东方公司2019年4月份的增值税销项税额 3. 在实施任务的基础上，理解含税销售额与不含税销售额之间的关系	1. 展示确定增值税销项税额的范例 2. 逐一指导学生完成任务，纠正存在的错误 3. 归纳性讲解由含税销售额到不含税销售额的计算公式
		确定进项税额	1. 按照东方公司2019年4月份的经济业务内容和原始单据，确定东方公司2019年4月份增值税进项税额 2. 在实施任务的基础上，理解进项税额的计算方法	1. 展示确定增值税进项税额的范例 2. 逐一指导学生完成任务，纠正存在的错误 3. 归纳性讲解进项税额的计算方法
		计算应纳税额	1. 理解一般纳税人增值税应纳税额的计算公式 2. 小组提出疑问 3. 计算东方公司2019年4月份应纳税额	1. 描述性讲解一般纳税人增值税应纳税额的计算公式 2. 组织具有代表性的小组阐述如何计算销项税额与进项税额 3. 对学生遇到的问题逐一进行解答 4. 对存在的问题进行讲解，并对小组完成情况形成评价
3	项目总结	项目展示与总体评价	1. 小组完成东方公司2019年4月份的增值税计算 2. 评价其他小组的优点与不足，提高对增值税计算的理解	1. 组织学生展示各组或各人的增值税计算过程及结果 2. 组织学生对最终结果进行互评，通过发现他人的问题，提高学生对增值税计算的理解
		项目学习小结	积极归纳一般纳税人增值税的计算方法	引导学生自我归纳一般纳税人增值税的计算方法

（六）技能评价

序号	技能	评判结果	
		是	否
1	能确定增值税计税依据		
2	能正确计算一般纳税人增值税的应纳税额		

二、任务操作单

任务操作单

工作任务：一般纳税人增值税进项税额的计算

注意事项：进项税额是指纳税人购进货物或者接受加工修理修配劳务和应税服务时，支付或者负担的增值税税额。在计算时，要根据具体的经济业务内容分情况确定进项税额。

	如果	以及	那么		备注
			类型判定	处理	
1	从购货方取得增值税专用发票				P-E
2	从海关取得海关进口增值税专用缴款书				P-E
3	购进农产品				P-D

任务操作单

工作任务：一般纳税人增值税销项税额的计算

注意事项：一般纳税人增值税采用的计税方法是国际上通行的购进扣税法，应纳税额为当期销项税额抵扣当期进项税额后的余额。增值税销项税额用不含税价格作为计税依据，所适用的税率根据征税范围确定。

步骤		操作方法与说明	质量	备注
1	确定销售额	1. 增值税的销售额，是指纳税人发生应税销售行为时，向购买方（承受劳务和服务行为的一方，也视为购买方）收取的全部价款和价外费用	计算结果正确无误	C-M
		2. 价外费用一般是指价款外向购买方收取的手续费、补贴、基金、集资费、返还利润、奖励费、违约金（延期付款利息）、赔偿金、包装费、包装物租金、代收款项、代垫款项、储备费、运输装卸费，以及其他各种性质的价外收费。价外费用均为含税销售额，应换算为不含税销售额		C-M
		3. 销售额为不含税销售额。如果为含税销售额，换算公式为：不含税销售额=含税销售额÷（1+税率）		P-M
2	查出适用的增值税税率	查找适用的增值税税率	增值税税率查找无误	C-E
3	根据销项税额计算公式计算销项税额	根据销售额和增值税税率及销项税额计算公式，计算销项税额。销项税额=（不含税）销售额×增值税税率	销项税额计算结果正确无误	P-M

三、学生工作页

学生工作页

任务名称：一般纳税人增值税计算

一、工作目标（完成工作最终要达到的成果的形式）
根据东方公司2019年4月份的经济业务内容和单据（包括增值税专用发票、普通发票和收据），利用一般纳税人的增值税计算方法，完成东方公司2019年4月份增值税应纳税额的计算。

二、工作实施（过程步骤、技术参数、要领等）

（一）布置任务

1. 学生查看东方公司2019年4月份的经济业务内容和单据。

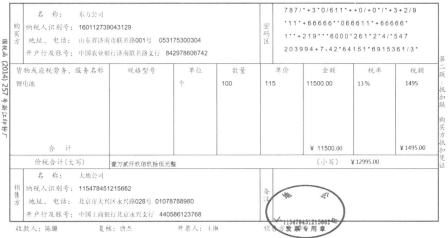

图1-1　业务单据1

图1-2　业务单据2

2. 明确工作任务目标：计算东方公司2019年4月份的增值税应纳税额。

（二）判断东方公司的增值税纳税人分类

1. 一般纳税人的认定条件为：

（1）_____

（2）_____

2. 小规模纳税人的认定条件为：

（1）_____

（2）_____

（三）判断增值税的征税范围

1. 一般规定包括：

现行增值税征税范围的一般规定包括应税销售行为和进口的货物。具体规定如下：

（1）销售或者进口的货物。

货物是指有形动产，包括电力、热力、气体在内。销售货物，是指有偿转让货物的所有权。

（2）销售劳务。

（3）销售服务。

服务包括交通运输服务、邮政服务、电信服务、建筑服务、金融服务、现代服务、生活服务。

（4）销售无形资产。

无形资产，是指不具实物形态，但能带来经济利益的资产，包括技术、商标、著作权、商誉、自然资源使用权和其他权益性无形资产。

（5）销售不动产。

不动产，是指不能移动或者移动后会引起性质、形状改变的财产，包括建筑物、构筑物等。

（6）非经营活动的确认。

销售服务、无形资产或者不动产，是指有偿提供服务、有偿转让无形资产或者不动产，但属于下列非经营活动的情形除外：

① 行政单位收取的同时满足以下条件的政府性基金或者行政事业性收费。

由国务院或者财政部批准设立的政府性基金，由国务院或者省级人民政府及其财政、价格主管部门批准设立的行政事业性收费；收取时开具省级以上（含省级）财政部门监（印）制的财政票据；所收款项全额上缴财政。

② 单位或者个体工商户聘用的员工为本单位或者雇主提供取得工资的服务。

③ 单位或者个体工商户为聘用的员工提供服务。

④ 财政部和国家税务总局规定的其他情形。

2.具体规定范围

（1）特殊规定范围

① _____

② _____

③ _____

④ _____

⑤ _____

（2）特殊行为

A.视同发生应税销售行为

以下10种情况在国家增值税法律、法规及相关规定中视同发生应税销售行为，均要征收增值税：

① 将货物交付其他单位或者个人代销；

② 销售代销货物；

③ 设有两个以上机构并实行统一核算的纳税人，将货物从一个机构移送其他机构用于销售，但相关机构设在同一县（市）的除外；

④ 将自产或者委托加工的货物用于非增值税应税项目；

⑤ 将自产、委托加工的货物用于集体福利或者个人消费；

⑥ 将自产、委托加工或者购进的货物作为投资，提供给其他单位或者个体工商户；

⑦ 将自产、委托加工或者购进的货物分配给股东或者投资者；

⑧ 将自产、委托加工或者购进的货物无偿赠送其他单位或者个人；

⑨ 单位或者个体工商户向其他单位或者个人无偿销售应税服务、无偿转让无形资产或者不动产，但用于公益事业或者以社会公众为对象的除外；

⑩ 财政部和国家税务总局规定的其他情形。

B.混合销售

一项销售行为如果既涉及货物又涉及服务，为混合销售。从事货物的生产、批发或者零售的单位和个体工商户的混合销售，按照销售货物缴纳增值税；其他单位和个体工商户的混合销售，按照销售服务缴纳增值税。

（四）确定增值税税率

税率	适用范围
13%	纳税人销售货物、劳务、有形动产租赁服务或者进口货物（国家另有规定的货物除外）

税率	适用范围
9%	纳税人销售交通运输、邮政、基础电信、建筑、不动产租赁服务，销售不动产，转让土地使用权，销售或者进口下列货物，税率为10%： 1. 粮食等农产品、食用植物油、食用盐； 2. 自来水、暖气、冷气、热水、煤气、石油液化气、天然气、二甲醚、沼气、居民用煤炭制品； 3. 图书、报纸、杂志、音像制品、电子出版物； 4. 饲料、化肥、农药、农机、农膜； 5. 国务院规定的其他货物。
6%	纳税人销售服务、无形资产（除税率为13%，9%，5%和3%的其他情形）
5%	1. 小规模纳税人销售自建或者取得的不动产； 2. 一般纳税人选择简易计税方法计税的不动产销售； 3. 房地产开发企业中的小规模纳税人，销售自行开发的房地产项目； 4. 其他个人销售其取得（不含自建）的不动产（不含其购买的住房）； 5. 一般纳税人选择简易计税方法计税的不动产经营租赁； 6. 小规模纳税人出租（经营租赁）其取得的不动产（不含个人出租住房）； 7. 其他个人出租（经营租赁）其取得的不动产（不含住房）； 8. 个人出租住房，应按照5%的征收率减按1.5%计算应纳税额； 9. 一般纳税人和小规模纳税人提供劳务派遣服务选择差额纳税的； 10. 一般纳税人2016年4月30日前签订的不动产融资租赁合同，或以2016年4月30日前取得的不动产提供的融资租赁服务，选择适用简易计税方法的； 11. 一般纳税人收取试点前开工的一级公路、二级公路、桥、闸通行费，选择适用简易计税方法的； 12. 一般纳税人提供人力资源外包服务，选择适用简易计税方法的； 13. 纳税人转让2016年4月30日前取得的土地使用权，选择适用简易计税方法的。
3%	除上述适用5%征收率以外的纳税人选择简易计税方法发生的应税销售行为

（五）计算销项税额

1. 销项税额的定义及计算公式

销项税额是指纳税人发生应税销售行为时，按照销售额与规定税率计算并向购

续表

买方收取的增值税税额。

销项税额的计算公式为：销项税额=＿＿＿＿＿＿＿＿＿＿＿＿＿＿＿＿＿＿

2. 确定销售额

（1）销售额是指纳税人发生应税销售行为时向购买方（承受劳务和服务行为也视为购买方）收取的全部价款和价外费用。特别需要强调的是，尽管销项税额也是销售方向购买方收取的，但是由于增值税采用价外计税方式，用不含增值税（以下简称"不含税"）价作为计税依据，因而销售额中不包括向购买方收取的销项税额。

价外费用，是指价外收取的各种性质的收费，但下列项目不包括在内：

① 受托加工应征消费税的消费品所代收代缴的消费税。

② 同时符合以下条件代为收取的政府性基金或者行政事业性收费：

由国务院或者财政部批准设立的政府性基金，由国务院或者省级人民政府及其财政、价格主管部门批准设立的行政事业性收费；收取时开具省级以上财政部门印制的财政票据；所收款项全额上缴财政。

③ 以委托方名义开具发票代委托方收取的款项。

④ 销售货物的同时代办保险等而向购买方收取的保险费，以及向购买方收取的代购买方缴纳的车辆购置税、车辆牌照费。

（2）纳税人为销售货物而出租出借包装物收取的押金，单独记账核算、时间在1年以内且又未过期的，不并入销售额征税，但对因逾期未收回包装物不再退还的押金，应按所包装货物的适用税率计算销项税额。

（3）纳税人采取折扣方式销售货物时，纳税人发生应税销售行为，如将价款和折扣额在同一张发票上的"金额"栏分别注明的，可按折扣后的销售额征收增值税。未在同一张发票"金额"栏注明折扣额，而仅在发票的"备注"栏注明折扣额的，折扣额不得从销售额中减除；未在同一张发票上分别注明的，以价款为销售额，不得扣减折扣额。

（4）采取以旧换新方式销售货物的，应按新货物的同期销售价格确定销售额，不得扣减旧货物的收购价格。

（5）还本销售是指纳税人在销售货物后，到一定期限由销售方一次或分次退还给购货方全部或部分价款。这种方式实际上是一种筹资行为，是以货物换取资金的使用价值、到期还本不付息的方法。增值税法律法规规定，采取还本销售方式销售货物，其销售额就是货物的销售价格，不得从销售额中减除还本支出。

（6）以物易物，双方都虚作购销处理，以各自发出的应税销售行为核算销售额并计算销项税额，以各自收到的货物、劳务、服务、无形资产、不动产，按规定核算购进金额并计算进项税额。应注意，在以物易物活动中，应分别开具合法的票据。如，收到的货物、劳务、服务、无形资产、不动产不能取得相应的增值税专用发票或其他合法票据的，不能抵扣进项税额。

（7）纳税人销售货物或者应税劳务的价格明显偏低并无正当理由的，以及发生税法规定的视同销售行为而无销售额的，由主管税务机关核定其销售额。

税务机关应按下列顺序确定销售额：① 按照纳税人最近时期发生同类应税销售行为的平均价格确定；② 按照其他纳税人最近时期发生同类应税销售行为的平均价格确定；③ 按组成计税价格确定。

3.组成计税价格的计算

组成计税价格=＿＿＿＿＿＿＿＿＿＿＿＿＿＿＿＿＿＿＿＿＿＿＿＿＿

公式中的成本是指：销售自产货物的为实际生产成本，销售外购货物的为实际采购成本。公式中的成本利润率由国家税务总局确定。

［例1-1］某羊毛衫厂（一般纳税人）2019年4月将自产的羊毛衫作为福利发给本厂职工，共发放甲型羊毛衫100件，同类产品每件销售价格为85元；发放乙型产品50件，无同类产品销售价格，据记录可知50件乙型产品总成本为5 000元。那么，这项视同销售行为的销项税额是多少？

解：甲型羊毛衫销售额=100×85=8 500（元）

乙型羊毛衫销售额=5 000×（1+10%）=5 500（元）

这项视同销售行为的销项税额=（8 500+5 500）×13%=1 820（元）

4.含税销售额与不含税销售额的换算

不含税销售额=＿＿＿＿＿＿＿＿＿＿＿＿＿＿＿＿＿＿＿＿＿＿＿＿＿

［例1-2］某商店向消费者销售电视机，2019年4月销售50台，每台含税价格为1 186.5元，适用的增值税税率为13%。该商店4月份的销售额和销项税额分别是多少？

解：销售额=1 186.5×50÷（1+16%）=52 500（元）

销项税额=52 500×13%=6 825（元）

5.确定东方公司2019年4月份的销项税额

＿＿＿＿＿＿＿＿＿＿＿＿＿＿＿＿＿＿＿＿＿＿＿＿＿＿＿＿＿＿＿＿＿

（六）计算进项税额

1.准予从销项税额中抵扣的进项税额：

（1）从销售方取得的增值税专用发票（含"机动车销售统一发票"）上注明的增值税额；

（2）从海关取得的海关进口增值税专用缴款书上注明的增值税额；

（3）自境外单位或者个人购进劳务、服务、无形资产或者境内的不动产，从税务机关或者扣缴义务人取得的代扣代缴税款的完税凭证上注明的增值税额；

（4）购进农产品，除取得增值税发票或者海关进口增值税专用缴款书外，按照

续　表

农产品收购发票或者销售发票上注明的农产品买价和9%的扣除率计算的进项税额。

进项税额=_____

纳税人购进用于生产销售或委托加工适用13%税率货物的农产品，按照10%的扣除率计算进项税额。

2.计算东方公司2019年4月份的进项税额

_____

（七）查询东方公司所适用的增值税税率

_____

（八）计算一般纳税人增值税应纳税额

1.计算公式

_____

2.计算东方公司2019年4月份增值税的应纳税额

_____

三、工作反思（检验评价、总结拓展等）

单选题：

1. 销售额是指纳税人销售货物或提供应税劳务向购买方收取的全部价款和价外费用。价外费用中不包括（　　　）。

    A.销项税额 　　　　　　　　　　 B.购买方收取的手续费

    C.买方收取的包装费 　　　　　　 D.购买方收取的集资费

2. 某生产企业将本厂生产的高档化妆品，作为福利发给本厂职工。该类产品没有同类消费品的售价，生产成本为10 000元，成本利润率为5%，高档化妆品适用消费税税率为15%，则确定的组成计税价格为（　　　）元。

    A.13 068 　　　 B.14 096 　　　 C.11 700 　　　 D.12 650.60

3. 进项税额准予抵扣的是（　　　）。

    A.外购货物用于在建工程 　　　　 B.外购货物用于集体福利

    C.外购货物用于个人消费 　　　　 D.外购货物分配给股东或投资者

4. 准予抵扣的货物运费金额是（　　　）。

    A.货票上注明的运费和建设基金 　 B.装卸费

    C.保险费 　　　　　　　　　　　 D.包装费

5. 某粮油加工厂为增值税一般纳税人，本月从农民手中购得小麦，收购凭证上注明收购价为10 000元，该批小麦的进项税额为（　　　）元。

    A.1 300 　　　　　　　　　　　　 B.900

    C.0 　　　　　　　　　　　　　　 D.400

模块二 一般纳税人增值税纳税申报

一、教学设计

（一）模块描述

根据东方公司2019年4月份的经济业务内容和单据（包括增值税专用发票、普通发票和收据），利用一般纳税人增值税纳税申报表的填写方法及增值税的征收管理政策，完成该公司2019年4月份增值税的纳税申报。

（二）教学目标

◎ 能准确地填写纳税申报表。

◎ 能熟知一般纳税人增值税的征收管理政策。

◎ 能完成一般纳税人增值税的纳税申报和税款缴纳。

（三）教学资源

◎ 多媒体PPT课件　实物投影仪　任务操作单　学生工作页

◎ 东方公司经济业务内容和原始单据

◎ 企业纳税申报系统

◎ 学生自带工具：财会专用笔　计算器

（四）教学组织

本模块的教学关键是技能的训练，基于东方公司2019年4月份的经济业务内容，以及对增值税纳税申报表填写方法的理解，逐步展开任务，由学生独立填写增值税的纳税申报表，完成东方公司2019年4月份增值税的纳税申报与缴纳。由教师先行讲解增值税纳税申报表的填写方法，学生以4～6人为一个小组进行讨论。让学生在执行的过程中，熟悉增值税网上申报流程，并根据相关信息完成东方公司2019年4月份增值税的纳税申报与缴纳。各小组进行展示汇报，加强学生团结合作意识，教师进行总结点评。最后环节是师生共同将本节课的知识点进行归纳，尤其是增值税纳税申报表填写的注意事项，此项由学生通过实践后再总结出，以加深学生印象。

增值税纳税申报表

（一般纳税人适用）

根据国家税收法律法规及增值税相关规定制定本表。纳税人不论有无销售额，均应按税务机关核定的纳税期限填写本表，并向当地税务机关申报。

税款所属时间：自 年 月 日至 年 月 日　　填表日期： 年 月 日　　　　　　　　　　金额单位：元至角分

纳税人识别号																所属行业：		
纳税人名称			（公章）	法定代表人姓名		注册地址			生产经营地址		
开户银行及账号				登记注册类型				电话号码		

项目		栏次	一般项目		即征即退项目	
			本月数	本年累计	本月数	本年累计
销售额	（一）按适用税率计税销售额	1				
	其中：应税货物销售额	2				
	应税劳务销售额	3				
	纳税检查调整的销售额	4				
	（二）按简易办法计税销售额	5				
	其中：纳税检查调整的销售额	6				
	（三）免、抵、退办法出口销售额	7			— —	— —
	（四）免税销售额	8			— —	— —
	其中：免税货物销售额	9			— —	— —
	免税劳务销售额	10			— —	— —
税款计算	销项税额	11				
	进项税额	12				
	上期留抵税额	13				
	进项税额转出	14				
	免、抵、退应退税额	15				
	按适用税率计算的纳税检查应补缴税额	16				
	应抵扣税额合计	17=12+13-14-15+16				
	实际抵扣税额	18（如17<11，则为17，否则为11）				
	应纳税额	19=11-18				
	期末留抵税额	20=17-18				
	简易计税办法计算的应纳税额	21				
	按简易计税办法计算的纳税检查应补缴税额	22				
	应纳税额减征额	23				
	应纳税额合计	24=19+21-23				
税款缴纳	期初未缴税额（多缴为负数）	25				
	实收出口开具专用缴款书退税额	26				
	本期已缴税额	27=28+29+30+31				
	①分次预缴税额	28		— —		— —
	②出口开具专用缴款书预缴税额	29		— —		— —
	③本期缴纳上期应纳税额	30				
	④本期缴纳欠缴税额	31				
	期末未缴税额（多缴为负数）	32=24+25+26-27				
	其中：欠缴税额（≥0）	33=25+26-27		— —		— —
	本期应补（退）税额	34=24-28-29				
	即征即退实际退税额	35		— —		
	期初未缴查补税额	36				
	本期入库查补税额	37				
	期末未缴查补税额	38=16+22+36-37				

授权声明	如果你已委托代理人申报，请填写下列资料： 为代理一切税务事宜，现授权 （地址）　　　　　　　为本纳税人的代理申报人，任何与本申报表有关的往来文件，都可寄予此人。 　　　　　　　　　　　　　　　授权人签字：	申报人声明	本纳税申报表是根据国家税收法律法规及相关规定填报的，我确定它是真实的、可靠的、完整的。 　　　　　　　　　　　　　声明人签字：

主管税务机关：　　　　　　　　　接收人：　　　　　　　　接收日期：

图1-3 增值税纳税申报表

（五）教学过程

阶段	项目教学过程		学生学的活动	教师教的活动
1	项目引入	项目描述	1. 接受任务，形成小组 2. 理解学习目标：能准确填写纳税申报表；能熟知一般纳税人增值税的征收管理政策；能完成一般纳税人增值税的纳税申报和税款缴纳	1. 展示东方公司2019年4月份的经济业务内容 2. 根据增值税应纳税额的计算结果，完成东方公司2019年4月份增值税的纳税申报，做到准确无误
		知识准备	1. 能熟知增值税纳税申报表的填写方法 2. 能记住增值税应纳税额的纳税申报流程	解释性讲解增值税纳税申报表的填写方法和增值税纳税申报流程
		任务定位	1. 查询增值税的纳税申报流程 2. 梳理相关概念 3. 完成东方公司2019年4月份增值税的纳税申报	1. 发放"项目一模块二：一般纳税人增值税纳税申报"任务操作单、学生工作页 2. 示范增值税的纳税申报 3. 在学生完成任务过程中，指出学生出现的错误；在学生进行咨询时，给予指导和帮助 4. 归纳性讲解学生在进行增值税纳税申报任务实践过程中存在的共性问题 5. 确认所有学生明确任务并进入了工作者角色
2	项目实施	确定纳税申报流程	1. 小组查看东方公司2019年4月份的经济业务内容 2. 小组确定东方公司增值税的纳税申报流程	描述性讲解增值税纳税申报流程
		填写纳税申报表	1. 观察与理解纳税申报表的填写方法 2. 按照东方公司2019年4月份的经济业务内容，填写纳	1. 展示增值税纳税申报表填写的范例 2. 描述性讲解增值税纳税申报表的填写方法

阶段	项目教学过程		学生学的活动	教师教的活动
2	项目实施	填写纳税申报表	税申报表 3. 在实施任务的基础上，理解增值税纳税申报表中各项目之间的关系	3. 逐一指导学生完成任务，纠正存在的错误 4. 归纳性讲解增值税纳税申报表的各项目之间的关系
		完成纳税申报	1. 登录网上纳税申报系统完成网上纳税申报 2. 在完成任务过程中，领悟团队协作意识、依法纳税意识	1. 引导学生完成东方公司2019年4月份增值税网上纳税申报 2. 对学生遇到的问题逐一进行解答 3. 对存在的问题进行讲解，并对小组完成情况形成评价 4. 在任务完成的基础上，规定性讲解要求学生发展的团队合作意识、依法纳税意识等职业素养；通过对任务完成过程的观察，判断学生职业素养的发展状态
3	项目总结	项目展示与总体评价	1. 小组完成东方公司2019年4月份增值税的纳税申报 2. 评价其他小组的优点与不足，提高对模块任务的理解	1. 组织学生展示各组或各人的纳税申报结果 2. 组织学生对最终结果进行互评，让学生通过发现他人的问题，提高学生对一般纳税人增值税纳税申报流程及方法的理解
		项目学习小结	积极归纳一般纳税人增值税的纳税申报流程及方法	引导学生自我归纳一般纳税人增值税的纳税申报流程及方法

（六）技能评价

序号	技能	评判结果	
		是	否
1	能准确填写一般纳税人增值税纳税申报表		
2	能完成一般纳税人增值税网上纳税申报		

二、任务操作单

任务操作单

工作任务：一般纳税人增值税纳税申报表的填制

注意事项：一般纳税人增值税的纳税申报表一般包含五张表格，包括一张主表和四张附表，主表和附表之间有一定的数据关联。

	编制项目	编制方法	编制标准	备注
1	税款所属时间	填写纳税人申报的增值税应纳税额的所属时间	具体到起止年、月、日	C-E
2	纳税人识别号	填写税务机关为纳税人确定的识别号，即税务登记证号码	填写准确，与税务登记证号码一致	C-E
3	纳税人名称	填写纳税人单位名称全称	填写全称，不得填写简称	C-E
4	一般项目	填写除享受增值税即征即退的货物及劳务以外的货物、劳务和服务、不动产、无形资产的征（免）税数据	填写正确无误	P-M
5	销项税额	填写纳税人本期按适用税率计征的销项税额	金额单位为元，列至角分	P-M
6	进项税额	填写纳税人本期申报抵扣的进项税额	金额单位为元，列至角分	P-M
7	应纳税额减征额	填写纳税人本期按照税法规定减征的增值税应纳税额	金额单位为元，列至角分	P-M
8	应纳税额合计	填写本期应缴纳增值税的合计数	金额单位为元，列至角分	P-D
9	本期已缴税额	填写纳税人本期已实际缴纳的全部税额	金额单位为元，列至角分	P-M
10	期末未缴税额	填写纳税人本期应缴未缴的增值税税额	金额单位为元，列至角分	P-M

三、学生工作页

学生工作页

任务名称： 一般纳税人增值税纳税申报

一、工作目标（完成工作最终要达到的成果的形式）

　　根据东方公司2019年4月份的经济业务内容和单据（包括增值税专用发票、普通发票和收据），利用一般纳税人增值税纳税申报表的填写方法及增值税的征收管理政策，完成该公司2019年4月份增值税的纳税申报。

二、工作实施（过程步骤、技术参数、要领等）

（一）讲解一般纳税人增值税的纳税申报流程

填写纳税申报表 ——→ 完成纳税申报

（二）学习增值税的征收管理政策

1.销售货物或者提供应税劳务的纳税发生时间：

销售货物或者应税劳务，为_____的当天；

先开具发票的，为开具发票的当天。

2.具体纳税义务发生时间，按销售结算方式的不同而不同：

（1）采取直接收款方式销售货物，不论货物是否发出，均为收到销售款或者取得索取销售款凭据的当天。

（2）采取托收承付和委托银行收款方式销售货物，为_____的当天。

（3）采取赊销和分期收款方式销售货物，为_____的当天，无书面合同的或者书面合同没有约定收款日期的，为_____的当天。

（4）采取预收货款方式销售货物，为_____的当天，但生产销售生产工期超过12个月的大型机械设备、船舶、飞机等货物，为收到预收款或者书面合同约定的收款日期的当天。

（5）委托其他纳税人代销货物，为收到代销单位的代销清单或者收到全部或者部分货款的当天。未收到代销清单及货款的，为发出代销货物满_____天的当天。

（6）销售应税劳务，为提供劳务同时收讫销售款或者取得索取销售款凭据的当天。

（7）纳税人发生视同销售服务、无形资产或者不动产情形的，为_____的当天。

3.进口货物增值税纳税义务发生时间：

进口货物，为_____的当天。

4.增值税扣缴义务发生时间：

增值税扣缴义务发生时间为纳税人＿＿＿＿＿＿＿＿＿＿＿＿＿＿＿＿＿＿＿＿的当天。

5.增值税的纳税期限：

增值税纳税期限分别为＿＿日、＿＿日、＿＿日、＿＿日、＿＿日、1个月或者1个季度。

纳税人以1个月或者1个季度为1个纳税期的，自期满之日起15日内申报纳税；以1日、3日、5日、10日或者15日为1个纳税期的，自期满日起5日内预缴税款，于次月1日起15日内申报纳税并结清上月应纳税款。

纳税人进口货物，应当自海关填发税款缴纳书之日起＿＿日内缴纳税款。

6.增值税的纳税地点：

（1）固定业户：

① 在当地销售：向其机构所在地的主管税务机关申报纳税。

② 到外县（市）销售货物：向其机构所在地的主管税务机关报告外出经营事项，并向其机构所在地的主管税务机关申报纳税。

（2）非固定业户：

① 销售货物或者应税劳务：向＿＿＿＿＿＿＿＿＿＿主管税务机关申报纳税。

② 未向销售地或者劳务发生地的主管税务机关申报纳税的，由其机构所在地或者居住地的主管税务机关补征税款。

（3）进口货物应当由进口人或者其代理人向报关地海关申报纳税。

（4）扣缴义务人应当向其机构所在地或者居住地的主管税务机关申报缴纳其扣缴的税款。

（三）根据任务操作单填写一般纳税人增值税纳税申报表

增 值 税 纳 税 申 报 表
（一般纳税人适用）

根据国家税收法律法规及增值税相关规定制定本表。纳税人不论有无销售额，均应按税务机关核定的纳税期限填写本表，并向当地税务机关申报。

税款所属时间：自　年　月　日至　年　月　日　　填表日期：　年　月　日　　　　　　　金额单位：元至角分

纳税人识别号															所属行业：		
纳税人名称				（公章）	法定代表人姓名			注册地址					生产经营地址				
开户银行及账号				登记注册类型									电话号码				

	项目	栏次	一般项目		即征即退项目	
			本月数	本年累计	本月数	本年累计
销售额	（一）按适用税率计税销售额	1				
	其中：应税货物销售额	2				
	应税劳务销售额	3				
	纳税检查调整的销售额	4				
	（二）按简易办法计税销售额	5				
	纳税检查调整的销售额	6				
	（三）免、抵、退办法出口销售额	7			——	——
	（四）免税销售额	8			——	——
	其中：免税货物销售额	9			——	——
	免税劳务销售额	10			——	——

续 表

项 目	栏次	一般项目		即征即退项目	
		本月数	本年累计	本月数	本年累计
销项税额	11				
进项税额	12				
上期留抵税额	13				——
进项税额转出	14				
免、抵、退应退税额	15			——	——
按适用税率计算的纳税检查应补缴税额	16			——	——
应抵扣税额合计	17=12+13-14-15+16		——		——
实际抵扣税额	18（如17<11，则为17，否则为11）				
应纳税额	19=11-18				
期末留抵税额	20=17-18				
简易计税办法计算的应纳税额	21				
按简易计税办法计算的纳税检查应补缴税额	22			——	——
应纳税额减征额	23				
应纳税额合计	24=19+21-23				
期初未缴税额（多缴为负数）	25				
实收出口开具专用缴款书退税额	26			——	——
本期已缴税额	27=28+29+30+31				
①分次预缴税额	28		——		——
②出口开具专用缴款书预缴税额	29		——		——
③本期缴纳上期应纳税额	30				
④本期缴纳欠缴税额	31				
期末未缴税额（多缴为负数）	32=24+25+26-27				
其中：欠缴税额（≥0）	33=25+26-27		——		——
本期应补（退）税额	34=24-28-29		——		——
即征即退实际退税额	35	——	——		
期初未缴查补税额	36			——	——
本期入库查补税额	37			——	——
期末未缴查补税额	38=16+22+36-37			——	——

授权声明	如果你已委托代理人申报，请填写下列资料： 为代理一切税务事宜，现授权 （地址） 为本纳税人的代理申报人，任何与本 申报表有关的往来文件，都可寄予此人。 授权人签字：	申报人声明	本纳税申报表是根据国家税收法律法规及相关规定填报的，我确定它是真实的、可靠的、完整的。 声明人签字：

主管税务机关：   接收人：   接收日期：

图1-3 增值税纳税申报表

（四）进入网络纳税申报系统完成纳税申报

三、工作反思（检验评价、总结拓展等）

单选：

1. 免征增值税的业务是（   ）。

   A.农业生产者销售自产农业产品　　　　　B.粮油商店销售外购粮食

   C.销售图书、报纸、杂志　　　　　　　　D.出口货物

2. 一般情况下，纳税人提供的应税劳务发生在外县（市），应依法向（   ）主管税务机关申报缴纳增值税。

   A.纳税人居住地　　　B.注册地　　　C.机构所在地　　　D.劳务提供地

续 表

多选：

属于免税的项目有（　　　）。

A. 食品厂销售使用过的低于原价的设备　　　B. 补偿贸易所需进口的设备

C. 农业生产者销售自产小米　　　D. 机械厂销售农业机具

判断：

1. 纳税人采取托收承付方式销售货物，纳税义务发生时间为发出货物当天。（　　　）

2. 纳税人进口货物，应当自海关填发税款缴纳证明的次日起15天缴纳税款。（　　　）

模块三　小规模纳税人增值税计算

一、教学设计

（一）模块描述

根据远昌公司2018年9月份的经济业务内容和单据（包括增值税专用发票、普通发票和收据），利用小规模纳税人增值税计算方法，完成该公司2018年9月份增值税的计算。

（二）教学目标

◎ 能判断小规模纳税人增值税的征税范围及税率。

图1-4　业务单据3

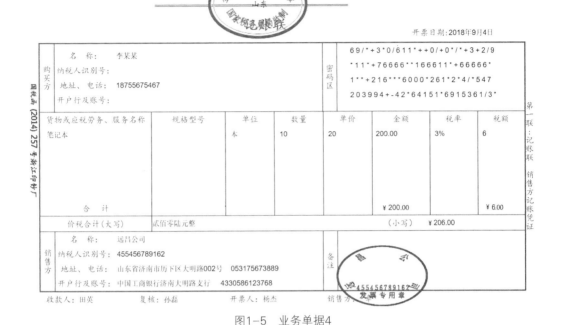

图1-5　业务单据4

◎ 能完成小规模纳税人增值税税费的计算。

◎ 能合理运用国家增值税税收优惠政策，减轻企业税负。

（三）教学资源

◎ 多媒体PPT课件　实物投影仪　任务操作单　学生工作页

◎ 远昌公司经济业务内容和原始单据

◎ 学生自带工具：财会专用笔　计算器

（四）教学组织

本模块的教学关键是技能的训练，基于远昌公司2018年9月份的经济业务内容和单据，以及对小规模纳税人增值税计算方法的理解，逐步展开任务，由学生独立完成远昌公司2018年9月份增值税应纳税额的计算。由教师先行讲解小规模纳税人增值税的征税范围、税率和计算方法；学生以4～6人为一个小组进行讨论，确定远昌公司增值税的征税范围、税率和计算方法。让学生在执行的过程中，熟悉小规模纳税人增值税计算方法。各小组进行展示汇报，加强学生团结合作意识，教师进行总结点评。最后环节是师生共同将本节课的知识点进行归纳，尤其是小规模纳税人增值税的计算方法，此项由学生通过实践后再总结出，以加深学生印象。

（五）教学过程

阶段	项目教学过程		学生学的活动	教师教的活动
1	项目引入	项目描述	1. 接受任务，形成小组 2. 理解学习目标：能判断小规模纳税人增值税的征税范围及税率；能完成小规模纳税人增值税税费的计算；能合理运用国家增值税税收优惠政策，减轻企业税负	1. 展示远昌公司2018年9月份的经济业务内容与票据 2. 根据小规模纳税人增值税计算方法，完成远昌公司2018年9月份增值税应纳税额的计算，做到准确无误
		知识准备	1. 能熟知小规模纳税人增值税的纳税范围和税率 2. 能记住小规模纳税人增值税的计算方法	解释性讲解小规模纳税人增值税的纳税范围和税率、计算方法
		任务定位	1. 查询小规模纳税人增值税征税范围、征收率 2. 梳理相关概念 3. 根据远昌公司2018年9月份的经济业务内容和单据，完成对该公司2018年9月份增值税应纳税额的计算	1. 发放"项目一模块三：小规模纳税人增值税计算"任务操作单、学生工作页 2. 示范小规模纳税人增值税的计算方法 3. 在学生完成任务过程中，指出学生出现的错误；在学生进行咨询时，给予指导和帮助 4. 归纳性讲解学生在进行小规模纳税人增值税计算过程中存在的共性问题 5. 确认所有学生明确任务并进入了工作者角色
2	项目实施	确定纳税人类别	1. 小组查看远昌公司2018年9月份的经济业务内容 2. 小组确定远昌公司为增值税小规模纳税人 3. 小组理解小规模纳税人增值税计算流程	1. 描述性讲解小规模纳税人增值税计算 2. 对学生关于小规模纳税人的认定进行评价
		确定计税依据	1. 观察与理解小规模纳税人增值税的征税范围，确定计	1. 展示确定增值税计税依据的范例

续表

阶段	项目教学过程		学生学的活动	教师教的活动
2	项目实施	确定计税依据	税依据 2. 按照远昌公司2018年9月份的经济业务内容和原始单据，确定远昌公司2018年9月份增值税计税依据 3. 在实施任务的基础上，理解含税销售额与不含税销售额之间的关系	2. 逐一指导学生完成任务，纠正存在的错误 3. 归纳性讲解由含税销售额得出不含税销售额的计算公式
		计算应纳税额	1. 理解小规模纳税人增值税应纳税额的计算公式 2. 小组提出疑问 3. 计算远昌公司2018年9月份的增值税应纳税额	1. 描述性讲解小规模纳税人增值税应纳税额的计算公式 2. 组织具有代表性的小组阐述如何计算小规模纳税人销售额 3. 对学生遇到的问题逐一进行解答 4. 对存在的问题进行讲解，并对小组完成情况形成评价
3	项目总结	项目展示与总体评价	1. 小组完成远昌公司2018年9月份增值税计算 2. 评价其他小组的优点与不足，提高对小规模纳税人增值税计算方法的理解	1. 组织学生展示各组或各人的最终计算过程以及结果 2. 组织学生对最终计算过程及其结果进行点评，通过发现他人的问题，提高学生对小规模纳税人增值税计算方法的理解
		项目学习小结	积极归纳小规模纳税人增值税的计算方法	引导学生自我归纳小规模纳税人增值税的计算方法

（六）技能评价

序号	技能	评判结果	
		是	否
1	能确定小规模纳税人增值税的计税依据		
2	能正确计算小规模纳税人增值税的应纳税额		

二、任务操作单

<table>
<tr><td colspan="5" style="text-align:center">任务操作单</td></tr>
<tr><td colspan="5">**工作任务**：小规模纳税人增值税计算与申报</td></tr>
<tr><td colspan="5">**注意事项**：小规模纳税人在销售货物或提供应税劳务时，一般只能开具普通发票，取得的销售收入均为含税销售额。在计算应纳税额时，小规模纳税人须将含税销售额换算为不含税销售额；同时，小规模纳税人不得抵扣进项税额。</td></tr>
<tr><td></td><td>步骤</td><td>操作方法与说明</td><td>质量</td><td>备注</td></tr>
<tr><td rowspan="3">1</td><td rowspan="3">确定
销售额</td><td>1. 小规模纳税人增值税的征收率为3%</td><td>征收率确定准确</td><td>C-E</td></tr>
<tr><td>2. 根据销售货物或提供劳务的发票确定企业销售收入</td><td>销售收入确定准确</td><td>C-E</td></tr>
<tr><td>3. 普通发票上的金额为含税销售额，由含税销售额换算为不含税销售额：不含税销售额=含税销售额÷（1+征收率）</td><td>销售额的计算结果准确</td><td>P-M</td></tr>
<tr><td rowspan="2">2</td><td rowspan="2">计算
应纳税额</td><td>1. 明确小规模纳税人不得抵扣进项税额</td><td rowspan="2">应纳税额计算结果准确</td><td>C-E</td></tr>
<tr><td>2. 根据销售额和税率及应纳税额计算公式计算应纳税额。应纳税额=（不含税）销售额×征收率</td><td>P-M</td></tr>
<tr><td rowspan="6">3</td><td rowspan="6">填写纳税
申报表</td><td>1. 应征增值税不含税销售额：应征增值税的货物及劳务、服务的不含税销售额</td><td rowspan="6">纳税申报表各栏目填写正确无误</td><td>P-M</td></tr>
<tr><td>2. 销售使用过的应税固定资产不含税销售额：销售使用过的、固定资产目录中所列的固定资产（不动产除外）和销售旧货的不含税销售额。销售额=含税销售额÷（1+3%）</td><td>P-M</td></tr>
<tr><td>3. 免税销售额：销售免征增值税货物及劳务、服务的销售额。填写合计数</td><td>P-E</td></tr>
<tr><td>4. 出口免税销售额：出口免税货物、服务的销售额</td><td>P-E</td></tr>
<tr><td>5. 本期应纳税额：填写本期按征收率计算缴纳的应纳税额</td><td>P-D</td></tr>
<tr><td>6. 本期应纳税额减征额：填写根据相关</td><td>P-D</td></tr>
</table>

续表

	步骤	操作方法与说明	质量	备注
3	填写纳税申报表	增值税税收优惠政策计算的应纳税额减征额 7. 本期预缴税额：填写纳税人本期预缴的增值税税额，但不包括稽查补缴的应纳增值税税额		P-E
4	完成纳税申报	1. 小规模纳税人的纳税期限为1个季度，自期满之日起15日内申报纳税 2. 纳税人进口货物，应当自海关填发进口增值税专用缴款书之日起15日内缴纳税款	在规定的时间内完成纳税申报	P-E

三、学生工作页

学生工作页

任务名称：小规模纳税人增值税计算

一、工作目标（完成工作最终要达到的成果的形式）

　　根据远昌公司2018年9月份的经济业务内容和单据（包括增值税专用发票、普通发票和收据），利用小规模纳税人增值税计算方法，完成该公司2018年9月份增值税的计算。

二、工作实施（过程步骤、技术参数、要领等）

（一）布置任务

1. 学生查看远昌公司2018年9月份的经济业务内容和单据。

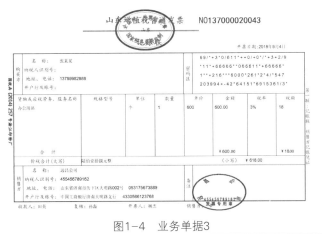

图1-4　业务单据3

续表

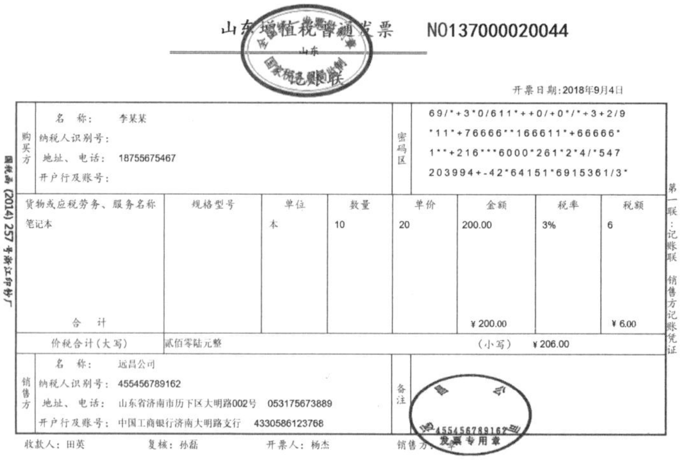

山东增值税普通发票　N0137000020044

开票日期：2018年9月4日

购买方	名称：李某某 纳税人识别号： 地址、电话：18755675467 开户行及账号：	密码区	69/"+3"0/611"++0/+0"/"+3+2/9 "11"+76666""166611"+66666" 1""+216"""6000"261"2"4/"547 203994+-42"64151"6915361/3"

货物或应税劳务、服务名称	规格型号	单位	数量	单价	金额	税率	税额
笔记本		本	10	20	200.00	3%	6
合　计					¥200.00		¥6.00
价税合计（大写）	贰佰零陆元整				（小写）¥206.00		

销售方	名称：远昌公司 纳税人识别号：455456789162 地址、电话：山东省济南市历下区大明路002号　053175673889 开户行及账号：中国工商银行济南大明路支行　4330586123768	备注	

收款人：田英　复核：孙磊　开票人：杨杰　销售方：

国税函（2014）257号浙江印钞厂

第一联：记账联　销售方记账凭证

图1-5　业务单据4

2. 明确工作任务目标：计算远昌公司2018年9月份增值税的应纳税额。

（二）判断远昌公司的增值税纳税人的分类

1. 一般纳税人的认定条件为：

（1）____________________

（2）____________________

2. 小规模纳税人的认定条件为：

（1）____________________

（2）____________________

（三）计算应纳税额

1. 小规模纳税人缴纳增值税实行简易办法，即按销售额乘以3%的征收率，不抵扣进项税额。其计算公式为：

应纳税额=____________________

[**例1-3**] 某商店为小规模纳税人，2018年9月的销售收入为12.36万元。计算该商店2018年9月的销售额和增值税应纳税额。

解： 销售额=____________________

应纳税额=____________________

2. 进口货物增值税应纳税额计算

纳税人进口货物，按照组成计税价格和规定的税率计算应纳税额，不得抵扣任何税款。

组成计税价格=____________________

应纳税额=____________________

　　进口货物的关税完税价格是指以海关审定的成交价格为基础的价格。进口货物一般先要征收关税，对应征消费税的，再征收一道消费税；然后，以关税完税价格、关税和消费税之和为税基，征收增值税。

　　3.计算远昌公司增值税应纳税额

　　应纳税额＝_____

三、工作反思（检验评价、总结拓展等）

1.检验评价

判断：

（1）小规模纳税人按征收率计税。（　　　）

（2）小规模纳税人的销售额是指小规模纳税人销售货物或应税劳务向购买方收取的全部价款（不包含价外费用）。（　　　）

2.总结拓展

课后总结一般纳税人和小规模纳税人增值税计算的区别。

模块四　小规模纳税人增值税纳税申报

一、教学设计

（一）模块描述

　　根据远昌公司2018年9月份的经济业务内容和单据（包括增值税专用发票、普通发票和收据），利用小规模纳税人增值税纳税申报表的填写方法及增值税的征收管理政策，完成该公司2018年9月份增值税的纳税申报。

（二）教学目标

◎ 能准确地填写纳税申报表。

◎ 能熟知小规模纳税人增值税的征收管理政策。

◎ 能完成小规模纳税人增值税的纳税申报和税款缴纳。

（三）教学资源

◎ 多媒体PPT课件　实物投影仪　任务操作单　学生工作页

◎ 远昌公司经济业务内容和原始单据

◎ 企业纳税申报系统

◎ 学生自带工具：财会专用笔　计算器

增值税纳税申报表

（小规模纳税人适用）

纳税人识别号：□□□□□□□□□□□□□□□□□□□□

纳税人名称（公章）：　　　　　　　　　　　　　　　　　　金额单位：元至角分

税款所属期：　年　月　日至　年　月　日　　　　　　　　填表日期：　年　月　日

	项目	栏次	本期数		本年累计	
			货物及劳务	服务、不动产和无形资产	货物及劳务	服务、不动产和无形资产
一、计税依据	（一）应征增值税不含税销售额（3%征收率）	1				
	税务机关代开的增值税专用发票不含税销售额	2				
	税控器具开具的普通发票不含税销售额	3				
	（二）应征增值税不含税销售额（5%征收率）	4	——		——	
	税务机关代开的增值税专用发票不含税销售额	5				
	税控器具开具的普通发票不含税销售额	6				
	（三）销售使用过的固定资产不含税销售额	7（7≥8）		——		——
	其中：税控器具开具的普通发票不含税销售额	8		——		——
	（四）免税销售额	9=10+11+12				
	其中：小微企业免税销售额	10				
	未达起征点销售额	11				
	其他免税销售额	12				
	（五）出口免税销售额	13（13≥14）				
	其中：税控器具开具的普通发票销售额	14				
二、税款计算	本期应纳税额	15				
	本期应纳税额减征额	16				
	本期免税额	17				
	其中：小微企业免税额	18				
	未达起征点免税额	19				
	应纳税额合计	20=15-16				
	本期预缴税额	21				
	本期应补（退）税额	22=20-21				

纳税人或代理人声明：本纳税申报表是根据国家税收法律法规及相关规定填报的，我确定它是真实的、可靠的、完整的。	如纳税人填报，由纳税人填写以下各栏：办税人员：　　　财务负责人：法定代表人：　　　联系电话：由委托代理人填报，由代理人填写以下各栏：代理人名称（公章）：　　经办人：　　　　　　　　　　　联系电话：

主管税务机关：　　　　　　　接收人：　　　　　　　接收日期：

图1-6　小规模纳税人增值税纳税申报表

(四)教学组织

本模块的教学关键是技能的训练,基于远昌公司2018年9月份的经济业务内容,以及对增值税纳税申报表填写方法的理解,逐步展开任务,由学生独立填写增值税的纳税申报表,完成远昌公司2018年9月份增值税纳税申报与缴纳。由教师先行讲解增值税纳税申报表的填写方法,学生以4~6人为一个小组进行讨论。让学生在执行的过程中,熟悉增值税网上申报流程,并根据相关信息完成公司2018年度9月份增值税纳税申报与缴纳。各小组进行展示汇报,加强学生团结协作意识,教师进行总结点评。最后环节是师生共同将本节课的知识点进行归纳,尤其是增值税纳税申报表填写的注意事项,此项由学生通过实践后再总结出,以加深学生印象。

(五)教学过程

阶段	项目教学过程		学生学的活动	教师教的活动
1	项目引入	项目描述	1. 接受任务,形成小组 2. 理解学习目标:能准确地填写纳税申报表;能熟知小规模纳税人增值税的征收管理政策;能完成小规模纳税人增值税的纳税申报与税款缴纳	1. 展示远昌公司2018年9月份的经济业务内容 2. 根据增值税应纳税额的计算结果,完成远昌公司2018年9月份增值税的纳税申报,做到准确无误
		知识准备	能熟知增值税应纳税额的纳税申报流程	解释性讲解增值税的纳税申报表的填写方法和申报流程
		任务定位	1. 查询增值税的纳税申报流程 2. 梳理相关概念 3. 完成远昌公司2018年9月份增值税的纳税申报	1. 发放"项目一模块四:小规模纳税人增值税纳税申报"任务操作单、学生工作页 2. 示范增值税的纳税申报流程 3. 在学生完成任务过程中,指出学生出现的错误;在学生进行咨询时,给予指导和帮助 4. 归纳性讲解学生在进行小规模纳税人增值税纳税申报过程中存在的共性问题 5. 确认所有学生明确任务并进入了工作者角色

阶段	项目教学过程		学生学的活动	教师教的活动
2	项目实施	确定纳税申报流程	1. 小组查看远昌公司2018年度的经济业务内容与利润表 2. 小组确定远昌公司增值税的纳税申报流程	描述性讲解小规模纳税人增值税纳税申报流程
		填写纳税申报表	1. 观察与理解纳税申报表的填写方法 2. 按照远昌公司2018年9月份的经济业务内容，填写纳税申报表 3. 在实施任务的基础上，理解增值税纳税申报表中各项目之间的关系	1. 展示增值税纳税申报表填写的范例 2. 描述性讲解增值税纳税申报表的填写方法 3. 逐一指导学生完成任务，纠正存在的错误 4. 归纳性讲解增值税纳税申报表的各项目之间的关系
		完成纳税申报	1. 登录网上纳税申报系统完成网上纳税申报 2. 在完成任务过程中，领悟团队协作意识、依法纳税意识	1. 引导学生完成远昌公司2018年9月份增值税网上纳税申报 2. 对学生遇到的问题逐一进行解答 3. 对存在的问题进行讲解，并对小组完成情况形成评价 4. 在任务完成基础上，规定性讲解要求学生发展的团队合作意识、依法纳税意识等职业素养；通过对任务完成过程的观察，判断学生职业素养的发展状态
3	项目总结	项目展示与总体评价	1. 小组完成远昌公司2018年9月份增值税的纳税申报 2. 评价其他小组的优点与不足，提高对小规模纳税人增值税纳税流程的理解	1. 组织学生展示各组或各人的纳税申报表和纳税申报操作流程 2. 组织学生对最终成果进行互评，通过发现他人的问题，提高学生对小规模纳税人增值税纳税流程的理解
		项目学习小结	积极归纳小规模纳税人增值税的纳税申报流程及方法	引导学生自我归纳小规模纳税人增值税的纳税申报流程及方法

（六）技能评价

序号	技能	评判结果	
		是	否
1	能准确填写小规模纳税人增值税纳税申报表		
2	能完成小规模纳税人增值税网上纳税申报		

二、任务操作单

任务操作单

工作任务：小规模纳税人增值税计算与申报——小规模纳税人纳税申报表的填制

注意事项：纳税申报表一式三份，一份纳税人留存，一份主管税务机关留存，一份征收部门留存。其中，"货物及劳务"与"服务、不动产和无形资产"各项目应分别填写，不得合并计算。

	编制项目	编制方法	编制标准	备注
1	税款所属期	填写纳税人申报的增值税应纳税额的所属时间	具体到起止年、月、日	C-E
2	纳税人识别号	填写税务机关为纳税人确定的识别号，即税务登记证号码	填写准确，与税务登记证号码一致	C-E
3	纳税人名称	填写纳税人单位名称全称	填写全称，不得填写简称	C-E
4	应征增值税不含税销售额（3%征收率）	填写本期销售货物及劳务、发生应税行为是用3%征收率的不含税销售额	金额单位为元，列至角分	P-M
5	销售使用过的应税固定资产不含税销售额	填写销售使用过的固定资产（不动产除外）和销售旧货的不含税销售额。销售额=含税销售额÷（1+3%）	金额单位为元，列至角分	P-M
6	免税销售额	填写销售免征增值税货物及劳务、应税行为的销售额，填写合计数	金额单位为元，列至角分	P-M
7	出口免税销售额	填写出口免税货物出口免征增值税应税行为的销售额	金额单位为元，列至角分	P-M

	编制项目	编制方法	编制标准	备注
8	本期应纳税额	填写本期按征收率计算缴纳的应纳税额	金额单位为元,列至角分	P—D
9	本期应纳税额减征额	填写纳税人本期按照税法规定减征的增值税应纳税额	金额单位为元,列至角分	P—M
10	本期预缴税额	填写纳税人本期预缴的增值税税额	填写准确,不包括稽查补缴的应纳增值税税额	P—M

三、学生工作页

学生工作页

任务名称: 小规模纳税人增值税纳税申报

一、工作目标(完成工作最终要达到的成果的形式)

　　根据远昌公司2018年9月份的经济业务内容和单据(包括增值税专用发票、普通发票和收据),利用小规模纳税人增值税纳税申报表的填写方法及增值税的征收管理政策,完成该公司2018年9月份增值税的纳税申报。

二、工作实施(过程步骤、技术参数、要领等)

(一)讲解小规模纳税人增值税的纳税申报流程

填写纳税申报表 ——→ 完成纳税申报

(二)学习增值税的征收管理政策

1. 增值税的纳税地点

(1)固定业户

在当地销售:向其所在地的主管税务机关申报纳税。

到外县(市)销售货物:向其机构所在地的主管税务机关报告外出经营事项,并向其所在地的主管税务机关申报纳税。

(2)非固定业户

销售货物或者应税劳务:向＿＿＿＿主管税务机关申报纳税。

未向销售地或者劳务发生地的主管税务机关申报纳税的,由其机构所在地或者居住地的主管税务机关补征税款。

续表

（3）进口货物应当由进口人或者其代理人向报关地海关申报纳税。

（4）扣缴义务人应当向其机构所在地或者居住地的主管税务机关申报缴纳其扣缴的税款。

2. 小规模纳税人的纳税期限为＿＿＿＿＿＿＿＿＿＿＿＿＿＿＿＿＿＿＿＿＿＿＿＿

＿＿＿＿＿＿＿＿＿＿＿＿＿＿＿＿＿＿＿＿＿＿＿＿＿＿＿＿＿＿＿＿＿＿＿＿＿＿。

（三）根据任务操作单填写小规模纳税人纳税申报表

增值税纳税申报表

（小规模纳税人适用）

纳税人识别号：□□□□□□□□□□□□□□□□□□□□

纳税人名称（公章）：　　　　　　　　　　　　　　　　全额单位：元至角分

税款所属期：　年　月　日至　年　月　日　　　　　　填表日期：　年　月　日

	项目	栏次	本期数		本年累计	
			货物及劳务	服务、不动产和无形资产	货物及劳务	服务、不动产和无形资产
一、计税依据	（一）应征增值税不含税销售额（3%征收率）	1				
	税务机关代开的增值税专用发票不含税销售额	2				
	税控器具开具的普通发票不含税销售额	3				
	（二）应征增值税不含税销售额（5%征收率）	4	——		——	
	税务机关代开的增值税专用发票不含税销售额	5				
	税控器具开具的普通发票不含税销售额	6				
	（三）销售使用过的固定资产不含税销售额	7（7≥8）		——		——
	其中：税控器具开具的普通发票不含税销售额	8		——		——
	（四）免税销售额	9=10+11+12				
	其中：小微企业免税销售额	10				
	未达起征点销售额	11				
	其他免税销售额	12				
	（五）出口免税销售额	13（13≥14）				
	其中：税控器具开具的普通发票销售额	14				
二、税款计算	本期应纳税额	15				
	本期应纳税额减征额	16				
	本期免税额	17				
	其中：小微企业免税额	18				
	未达起征点免税额	19				
	应纳税额合计	20=15-16				
	本期预缴税额	21				
	本期应补（退）税额	22=20-21				

纳税人或代理人声明：	如纳税人填报，由纳税人填写以下各栏：	
本纳税申报表是根据国家税收法律法规及相关规定填报的，我确定它是真实的、可靠的、完整的。	办税人员：	财务负责人：
	法定代表人：	联系电话：
	由委托代理人填报，由代理人填写以下各栏：	
	代理人名称（公章）：	经办人：
		联系电话：

主管税务机关：　　　　　　　接收人：　　　　　　　　　接收日期：

（四）进入网络纳税申报系统完成纳税申报

三、工作反思（检验评价、总结拓展等）

　　思考： 小规模纳税人缴纳税款之后，应该做的会计分录是什么呢？

项目二　消费税的计算与纳税申报

● 项目描述 ●

　　根据A日化公司、B成品油公司、C烟酒公司2019年4月份的经济业务内容和单据（包括增值税专用发票、普通发票和收据），利用"从价定率计征""从量定额计征"和"从价从量复合计征"三种消费税计算方法，完成该三家公司2019年4月份消费税的计算与纳税申报。

模块一　从价定率计征消费税

一、教学设计

（一）模块描述

　　根据A日化公司2019年4月份的经济业务内容和单据，利用从价定率计征消费税计算方法，完成该公司2019年4月份消费税的计算。

图2-1　业务单据1

图2-2 业务单据2

（二）教学目标

◎ 能判断从价定率计征消费税的征税范围及税率。

◎ 能完成从价定率计征消费税的计算。

◎ 能合理运用国家消费税税收优惠政策，减轻企业税负。

（三）教学资源

◎ 多媒体PPT课件 实物投影仪 任务操作单 学生工作页

◎ A日化公司经济业务内容和原始单据

◎ 学生自带工具：财会专用笔 计算器

（四）教学组织

本模块的教学关键是技能的训练，基于A日化公司2019年4月份经济业务内容和单据，以及对从价定率计征消费税计算方法的理解，逐步展开任务，由学生独立完成A日化公司2019年4月份消费税应纳税额的计算。由教师先行讲解从价定率计征消费税的计算方法，学生以4~6人为一个小组进行讨论。让学生在执行的过程中，熟悉该计算方法，完成消费税的计算。各小组进行展示汇报，加强学生团结协作意识，教师进行总结点评。最后环节是师生共同将本节课的知识点进行归纳，尤其是从价定率计征消费税的计算方法，此项由学生通过实践后再总结出，以加深学生印象。

（五）教学过程

阶段	项目教学过程	学生学的活动	教师教的活动
1	项目引入	**项目描述** 1. 接受任务，形成小组 2. 理解学习目标：能判断从价定率计征消费税的征税范围及税率；能完成从价定率计征消费税的计算；能合理运用国家消费税税收优惠政策，减轻企业税负	1. 展示A日化公司2019年4月份的经济业务内容与单据 2. 根据从价定率计征消费税的计算方法，完成A日化公司2019年4月份消费税应纳税额的计算，做到准确无误
		知识准备 1. 能熟知从价定率计征消费税的纳税范围和相关应税消费品的税率 2. 能记住从价定率计征消费税的计算方法	解释性讲解从价定率计征消费税的纳税范围、相关应税消费品的税率和计算方法
		任务定位 1. 查询从价定率计征消费税的征税范围和相关应税消费品的税率 2. 梳理相关概念 3. 完成A日化公司2019年4月份消费税应纳税额的计算	1. 发放"项目二模块一：从价定率计征消费税"任务操作单、学生工作页 2. 示范从价定率计征消费税的计算方法 3. 在学生完成任务过程中，指出学生出现的错误；在学生进行咨询时，给予指导和帮助 4. 归纳性讲解学生在进行消费税计算过程中存在的共性问题 5. 确认所有学生明确任务并进入了工作者角色
2	项目实施	**确定业务内容** 1. 小组查看A日化公司2019年4月份的经济业务内容 2. 小组确定A日化公司采用从价定率计征消费税计算方法	1. 描述性讲解从价定率计征消费税方法 2. 对学生关于消费税应纳税额计算方法的认定进行评价

阶段	项目教学过程	学生学的活动	教师教的活动
2	项目实施	确定计税依据	1. 观察与理解从价定率计征消费税的征税范围，确定计税依据 2. 按照A日化公司2019年4月份的经济业务内容和原始单据，确定A日化公司2019年4月份消费税计税依据 3. 在实施任务的基础上，理解组成计税价格的计算公式	1. 展示确定消费税计税依据的范例 2. 逐一指导学生完成任务，纠正存在的错误 3. 归纳性讲解组成计税价格的计算公式
		计算应纳税额	1. 确定A日化公司适用的消费税税率 2. 小组提出疑问 3. 计算A日化公司2019年4月份消费税应纳税额	1. 示范讲解从价定率计征消费税应纳税额的计算公式 2. 组织具有代表性的小组阐述从价定率计征消费税的计算方法 3. 对学生遇到的问题逐一进行解答 4. 对存在的问题进行讲解，并对小组完成情况形成评价
3	项目总结	项目展示与总体评价	1. 小组完成A日化公司2019年4月份的消费税计算 2. 评价其他小组的优点与不足，提高对从价定率计征消费税方法的理解	1. 组织学生展示各组或各人的计算过程及结果 2. 组织学生对消费税的计算结果及过程进行互评；通过发现他人的问题，提高学生对从价定率计征消费税方法的理解
		项目学习小结	积极归纳从价定率计征消费税的方法	引导学生自我归纳从价定率计征消费税的方法

（六）技能评价

序号	技能	评判结果	
		是	否
1	能确定消费税的计税依据		
2	能正确计算从价定率计征消费税的应纳税额		

二、任务操作单

任务操作单

工作任务： 自产自用应税消费品计税依据的确定

注意事项： 纳税人自产自用的应税消费品，凡应当纳税的，按照纳税人生产的同类消费品的销售价格计算纳税。其计税依据应根据有无同类消费品的销售价格，分情况进行处理。

	如果	那么		备注
		类型判定	处理	
1	有同类消费品的销售价格			C-E
2	无同类消费品的销售价格			P-D

三、学生工作页

学生工作页

任务名称： 从价定率计征消费税

一、工作目标（完成工作最终要达到的成果的形式）

根据A日化公司2019年4月份的经济业务内容和单据，利用从价定率计征消费税计算方法，完成该公司2019年4月份消费税的计算。

二、工作实施（过程步骤、技术参数、要领等）

（一）布置任务

1.学生查看A日化公司2019年4月份的经济业务内容和单据。

图2-1　业务单据1

图2-2　业务单据2

2.明确工作任务目标：计算A日化公司2019年4月份消费税的应纳税额。

（二）计算应纳税额

从价定率是指以应税消费品的价格为计税依据，并按一定百分比税率进行计税的方法。其计算公式为：

应纳税额=_____

1.应税消费品的销售额的确定，应视具体情况而定：

对外销售的应税消费品，其销售额为向对方收取的全部价款和价外费用，但不包括收取的增值税。

2.自产自用销售额的确定

纳税人自产自用的应税消费品，用于连续生产应税消费品的，不纳税。用于其他方面的，于销售时按照纳税人生产的同类消费品计算纳税；没有同类消费品销售价格的，应以组成计税价格计算纳税。

其计算公式为：

组成计税价格=_____

成本，是指应税消费品的产品生产成本。

利润，是指根据应税消费品的全国平均成本利润率计算得出的利润。

应税消费品全国平均成本利润率由国家税务总局确定。

[例2-1] 某公司2019年4月销售实木地板，收取价款30 000元（不含增值税），实木地板适用消费税税率为5%。

计算该公司2019年4月份的应纳消费税税额。

解： 应纳消费税税额=_____

[例2-2] 某企业将生产的成套化妆品发给职工，经查,无同类产品销售价格，所发放的成套化妆品的总的生产成本为2 000元（不含税成本）。国家税务总局核定的该产品的成本利润率为5%,成套化妆品适用税率为15%,计算该企业此项行为的应纳消费税税额。

解： 组成计税价格=_____

应纳税额=_____

3.委托加工的应税消费品，按照受托方同类消费品的销售价格计算纳税；没有同类消费品销售价格的，按组成计税价格计算纳税。其计算公式：

组成计税价格=_____

材料成本，是指委托方所提供的加工材料的实际成本。

加工费，是指受托方加工应税消费品向委托方所收取的全部费用（包括代垫辅助材料的实际成本，但不包括增值税税金）。

[例2-3] 甲企业委托乙企业加工一批应税消费品，甲企业为乙企业提供原材

料等，所提供的原材料的实际成本为8 000元，支付乙企业加工费1 000元（不含税加工费）。已知适用的消费税率为10%；同时，该应税消费品，受托方无同类消费品的销售价格。计算此项业务消费税的应纳税额。

    解：组成计税价格=_____

    应纳税额=_____

    4.进口应税消费品，按照组成计税价格计算纳税。其计算公式为：

    组成计税价格=_____

    ［例2-4］某公司进口一批小轿车300辆。关税完税价格为每辆15万元，关税税率为25%，小轿车适用的消费税税率为9%。计算此项业务消费税的应纳税额。

    解：组成计税价格=_____

    应纳税额=_____

    （三）计算A日化公司消费税的应纳税额

_____

_____

_____

三、工作反思（检验评价、总结拓展等）

    某汽车厂委托江南橡胶厂加工汽车轮胎500套。该汽车厂提供橡胶500公斤，每公斤成本120元，江南橡胶厂加工一套轮胎的加工费为25元，代垫辅料10元。计算该项委托加工汽车轮胎业务的消费税应纳税额。

    解：组成计税价格=_____

    应纳税额=_____

    拓展：结合实际生活案例，学会确定销售额和运用从价定率计算消费税应纳税额。

模块二　从量定额计征消费税

一、教学设计

（一）模块描述

    根据B成品油公司2019年4月份的经济业务内容和单据，利用从量定额计征消费税的计算方法，完成该公司2019年4月份消费税的计算。

（二）教学目标

    ◎ 能判断从量定额计征消费税的征税范围及定额税率。

图2-3 业务单据3

◎ 能完成从量定额计征消费税的计算。

◎ 能合理运用国家消费税税收优惠政策，减轻企业税负。

（三）教学资源

◎ 多媒体PPT课件 实物投影仪 任务操作单 学生工作页

◎ B成品油公司经济业务内容和原始单据

◎ 学生自带工具：财会专用笔 计算器

（四）教学组织

本模块的教学关键是技能的训练，基于B成品油公司2019年4月份的经济业务内容和单据，以及对从量定额计征消费税计算方法的理解，逐步展开任务，由学生独立完成B成品油公司2019年4月份消费税应纳税额的计算。由教师先行讲解从量定额计征消费税的计算方法，学生以4~6人为一个小组进行讨论。让学生在执行的过程中，熟悉该计算方法，完成消费税的计算。各小组进行展示汇报，加强学生团结协作意识，教师进行总结点评。最后环节是师生共同将本节课的知识点进行归纳，尤其是从量定额计征消费税的计算方法，此项由学生通过实践后再总结出，以加深学生印象。

（五）教学过程

阶段	项目教学过程		学生学的活动	教师教的活动
1	项目引入	项目描述	1. 接受任务，形成小组 2. 理解学习目标：能判断	1. 展示B成品油公司2019年4月份的经济业务内容与单据

阶段	项目教学过程		学生学的活动	教师教的活动
1	项目引入	项目描述	从量定额计征消费税的征税范围及税率；能完成从量定额计征消费税的计算；能合理运用国家消费税税收优惠政策，减轻企业税负	2. 根据从量定额计征消费税的计算方法，完成B成品油公司2019年4月份消费税应纳税额的计算，做到准确无误
		知识准备	1. 能熟知从量定额计征消费税的纳税范围和相关应税消费品的定额税率 2. 能记住从量定额计征消费税的计算方法	描述性讲解从量定额计征消费税的纳税范围、相关应税消费品的定额税率和计算方法
		任务定位	1. 查询从量定额计征消费税的征税范围和相关应税消费品的定额税率 2. 梳理相关概念 3. 完成B成品油公司2019年4月份消费税的计算	1. 发放"项目二模块二：从量定额计征消费税"任务操作单、学生工作页 2. 示范从量定额计征消费税的计算 3. 在学生完成任务过程中，指出学生出现的错误；在学生进行咨询时，给予指导和帮助 4. 归纳性讲解学生在进行从量定额计征消费税过程中存在的共性问题 5. 确认所有学生明确任务并进入了工作者角色
2	项目实施	确定计税方法	1. 小组查看B成品油公司2019年4月份的经济业务内容 2. 小组确定B成品油公司采用从量定额计征消费税计算方法 3. 小组理解从量定额计征消费税方法	1. 描述性讲解从量定额计征消费税 2. 对学生关于消费税应纳税额计算方法的认定进行评价
		确定销售数量	1. 观察与理解从量定额计征消费税的征税范围，确定销售数量 2. 按照B成品油公司2019年4	1. 展示确定从量定额计征消费税销售数量的范例 2. 逐一指导学生完成任务，纠正存在的错误

续　表

阶段	项目教学过程		学生学的活动	教师教的活动
2	项目实施	确定销售数量	月份的经济业务内容和原始单据，确定B成品油公司2019年4月份的应税消费品的销售数量 3. 在实施任务的基础上，理解应税消费品在生产、加工、进口环节有关销售数量的规定	3. 归纳性讲解从量定额计征方式下有关销售数量的具体规定
		计算应纳税额	1. 确定B成品油公司计征消费税的定额税率 2. 小组提出疑问 3. 计算B成品油公司2019年4月份的消费税应纳税额	1. 示范讲解从量定额计征消费税的计算公式 2. 组织具有代表性的小组阐述从量定额计征消费税的计算方法 3. 对学生遇到的问题逐一进行解答 4. 对存在的问题进行讲解，并对小组完成情况形成评价
3	项目总结	项目展示与总体评价	1. 小组完成B成品油公司2019年4月份消费税计算 2. 评价其他小组的优点与不足，提高对从量定额计征消费税的理解	1. 组织学生展示各组或各人的公司消费税的计算过程及结果 2. 组织学生对最终计算结果进行互评，通过发现他人的问题提高学生对从量定额计征消费税的理解
		项目学习小结	积极归纳从量定额计征消费税的方法	引导学生自我归纳从量定额计征消费税的方法

（六）技能评价

序号	技能	评判结果	
		是	否
1	能确定消费税的计税依据		
2	能正确计算从量定额计征消费税的应纳税额		

二、任务操作单

任务操作单

工作任务： 从量定额计征消费税方式下的计税依据的确定

注意事项： 在从量定额计算方法下，应纳税额的多少取决于应税消费品的销售数量和单位税额两个因素。根据纳税人销售、生产、加工和进口应税消费品分情况确定消费品的销售数量。

	如果	那么		备注
		类型判定	处理	
1	销售应税消费品的			C-M
2	自产自用应税消费品的			C-M
3	委托加工应税消费品的			C-M
4	进口应税消费品的			C-M

三、学生工作页

学生工作页

任务名称： 从量定额计征消费税

一、工作目标（完成工作最终要达到的成果的形式）

根据B成品油公司2019年4月份的经济业务内容和单据，利用从量定额计征消费税计算方法，完成该公司2019年4月份消费税的计算。

二、工作实施（过程步骤、技术参数、要领等）

（一）布置任务

1. 学生查看B成品油公司2019年4月份的经济业务内容和单据。

续表

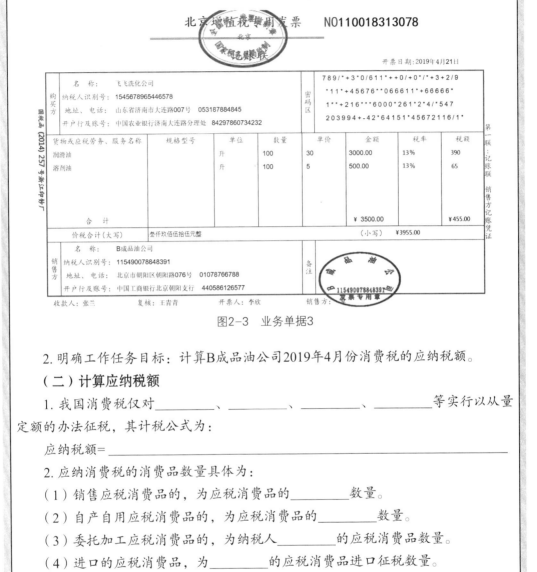

图2-3 业务单据3

2. 明确工作任务目标：计算B成品油公司2019年4月份消费税的应纳税额。

（二）计算应纳税额

1. 我国消费税仅对_____、_____、_____、_____等实行以从量定额的办法征税，其计税公式为：

应纳税额＝_____

2. 应纳消费税的消费品数量具体为：

（1）销售应税消费品的，为应税消费品的_____数量。

（2）自产自用应税消费品的，为应税消费品的_____数量。

（3）委托加工应税消费品的，为纳税人_____的应税消费品数量。

（4）进口的应税消费品，为_____的应税消费品进口征税数量。

（三）计算B成品油公司消费税的应纳税额

_____

三、工作反思（检验评价、总结拓展等）

某年11月，某加油站销售无铅汽油10吨。已知该汽油的定额税率为1.52元/升，计算该加油站应缴纳的消费税税额。

解：应纳税额＝_____

拓展：结合生活实际，看一看哪些应税消费品是利用从量定额来计征消费税的。

模块三　从价从量复合计征消费税

一、教学设计

（一）模块描述

根据C烟酒公司2019年4月份的经济业务内容和单据，利用从价从量复合计征消费税的计算方法，完成该公司2019年4月份消费税的计算。

图2-4　业务单据4

（二）教学目标

◎ 能判断消费税的征税范围及税率。

◎ 能完成从价从量复合计征消费税的计算。

◎ 能合理运用国家消费税税收优惠政策，减轻企业税负。

（三）教学资源

◎ 多媒体PPT课件　实物投影仪　任务操作单　学生工作页

◎ C烟酒公司经济业务内容和原始单据

◎ 学生自带工具：财会专用笔　计算器

（四）教学组织

本模块的教学关键是技能的训练，基于C烟酒公司2019年4月份的经济业务内容和单据，以及对从价从量复合计征消费税计算方法的理解，逐步展开任务，由学生独立完成C烟酒公司2019年4月份消费税应纳税额的计算。由教师先行讲解从价从量复合计征消费税的计算方法，学生以4~6人为一个小组进行讨论。让学生在执行的过程中，熟悉该计算方法，完成消费税的计算。各小组进行展示汇报，加强学生团结协作意识，教师进行总结点评。最后环节是师生共同将本节课的知识点进行归纳，尤其是从价从量复合计征消费税的计算方法，此项由学生通过实践后再总结出，以加深学生印象。

（五）教学过程

阶段	项目教学过程		学生学的活动	教师教的活动
1	项目引入	项目描述	1. 接受任务，形成小组 2. 理解学习目标，完成从价从量复合计征消费税的计算	1. 展示C烟酒公司2019年4月份的经济业务内容与单据 2. 根据从价从量复合计征消费税的计算方法，完成C烟酒公司2019年4月份消费税应纳税额的计算，做到准确无误
		知识准备	1. 能熟知从价从量复合计征消费税的纳税范围和相关应税消费品的税率 2. 能记住从价从量复合计征消费税的计算方法	解释性讲解从价从量复合计征消费税的纳税范围、相关应税消费品的税率和计算方法
		任务定位	1. 查询从价从量复合计征消费税的征税范围和相关应税消费品的税率 2. 梳理相关概念 3. 完成C烟酒公司2019年4月份消费税的计算	1. 发放"项目二模块三：从价从量复合计征消费税"任务操作单、学生工作页 2. 示范从价从量复合计征消费税的计算 3. 在学生完成任务过程中，指出学生出现的错误；在学生进行咨询时，给予指导和帮助 4. 确认所有学生明确任务并进入了工作者角色

阶段	项目教学过程	学生学的活动	教师教的活动
2	项目实施	确定计征方法	1. 小组查看C烟酒公司2019年4月份经济业务内容 2. 小组确定C烟酒公司采用从价从量复合计征消费税计算方法 3. 小组理解从价从量复合计征消费税的方法	1. 描述性讲解从价从量复合计征消费税的方法 2. 对学生关于消费税应纳税额计算方法的认定进行评价
		确定销售数量	1. 观察与理解从价从量复合计征消费税征税范围，确定销售数量 2. 按照C烟酒公司2019年4月份的经济业务内容和原始单据，确定公司2019年4月份的应税消费品的销售数量	1. 展示确定从价从量复合计征消费税销售数量的范例 2. 逐一指导学生完成任务，纠正存在的错误
		计算应纳税额	1. 确定C烟酒公司消费税税率 2. 小组提出疑问 3. 计算C烟酒公司2019年4月份消费税应纳税额	1. 示范性讲解从价从量复合计征消费税应纳税额的计算公式 2. 组织具有代表性的小组阐述从价从量复合计征消费税的计算方法 3. 对学生遇到的问题逐一进行解答 4. 对存在的问题进行讲解，并对小组完成情况形成评价
3	项目总结	项目展示与总体评价	1. 小组完成C烟酒公司2019年4月份消费税的计算 2. 评价其他小组的优点与不足，提高对从价从量复合计征消费税的理解	1. 组织学生展示各组或各人的最终计算过程及结果 2. 组织学生对最终计算结果进行互评，通过发现他人的问题提高学生对从价从量复合计征消费税的理解
		项目学习小结	积极归纳从价从量复合计征消费税的方法	引导学生自我归纳从价从量复合计征消费税的方法

（六）技能评价

序号	技能	评判结果	
		是	否
1	能确定消费税的计税依据		
2	能正确计算从价从量复合计征消费税的应纳税额		

二、任务操作单

任务操作单

工作任务：从价从量复合计征方式下消费税应纳税额的计算

注意事项：现行消费税的征税范围中，只有卷烟、白酒采用从价从量复合计征方法。

	步骤	操作方法与说明	质量	备注
1	确定销售数量	1. 生产销售卷烟、白酒的数量为实际销售数量	计算结果正确无误	C-M
		2. 进口、委托加工、自产自用的酒类和卷烟产品数量为海关核定的进口征税数量、委托方收回的数量、移送使用数量		C-M
2	确定销售额	1. 销售额为纳税人因销售应税消费品而向购买方收取的全部价款和价外费用	计算结果正确无误	C-M
		2. 价外费用是指价外向购买方收取的手续费、补贴、基金、集资费、返还利润、奖励费、违约金、滞纳金、延期付款利息、赔偿金、代收款项、代垫款项、包装费、包装物租金、储备费、优质费、运输装卸费，以及其他各种性质的价外收费		C-M
		3. 销售额为不含税销售额；如果为含税销售额，换算公式为：不含税销售额=含税销售额÷（1+增值税税率）		P-M

续表

步骤		操作方法与说明	质量	备注
3	确定税率	查找适用的消费税税率	消费税税率查找无误	C-E
4	计算应纳税额	根据销售数量、销售额和消费税税率及消费税应纳税额计算公式计算消费税。应纳税额=应税消费品的销售数量×定额税率+应税消费品的销售额×比例税率	消费税计算结果正确无误	P-M

三、学生工作页

学生工作页

任务名称：从价从量复合计征消费税

一、工作目标（完成工作最终要达到的成果的形式）

根据C烟酒公司2019年4月份的经济业务内容和单据，利用从价从量复合计征消费税的计算方法，完成该公司2019年4月份消费税的计算。

二、工作实施（过程步骤、技术参数、要领等）

（一）布置任务

1. 学生查看C烟酒公司2019年4月份的经济业务内容和单据。

图2-4 业务单据4

2. 明确工作任务目标：计算C烟酒公司2019年4月份的消费税的应纳税额。

（二）计算应纳税额

从量定额和从价定率相结合的复合计税方法的应纳税额计算公式：

应纳税额＝_____

具体计税依据规定如下：

1. 生产销售卷烟

（1）从量定额计税办法的计税依据为卷烟的实际销售数量。

（2）从价定率计税办法的计税依据为卷烟的调拨价格或核定价格。

（3）实际销售价格高于计税价格和核定价格的卷烟，按实际销售价格征收消费税；实际销售价格低于计税价格和核定价格的卷烟，按计税价格或核定价格征收消费税。

（4）非标准条包装卷烟应当折算成标准条包装卷烟的数量，依其实际销售收入计算确定其折算成标准条包装后的实际销售价格，并确定适用的比例税率。

2. 进口卷烟、委托加工卷烟、自产自用卷烟从量定额计税的依据分别为海关核定的进口征税数量、委托加工收回数量、移送使用数量；从价定率计税的依据按《中华人民共和国消费税暂行条例》的有关规定执行。

3. 生产销售粮食白酒、薯类白酒，从量定额计税办法的计税依据为粮食白酒、薯类白酒的实际销售数量。

4. 进口、委托加工、自产自用粮食白酒、薯类白酒，从量定额计税办法的计税依据分别为海关核定的进口征税数量、委托方收回数量、移送使用数量。

5. 生产销售、进口、委托加工、自产自用粮食白酒、薯类白酒从价定率计税办法的计税依据按《中华人民共和国消费税暂行条例》的有关规定执行。

（三）计算C烟酒公司2019年4月份消费税的应纳税额

应纳税额＝_____

三、工作反思（检验评价、总结拓展等）

1. 某烟厂于2018年10月生产并销售了一批甲类卷烟，共10箱（每箱50 000支），该批卷烟每标准条（200支）的调拨价格为80元。试计算该批卷烟应纳的消费税税额。

2. 某年11月，某酒厂对外销售粮食白酒800吨，每吨不含增值税的销售价格为400元。试计算该批粮食白酒应纳的消费税税额。

模块四　消费税纳税申报

一、教学设计

（一）模块描述

根据A日化公司2019年4月份的经济业务内容和单据（包括增值税专用发票、普通发票和收据），利用消费税纳税申报表的填写方法及消费税的征收管理政策，完成该公司2019年4月份消费税的纳税申报。

表2-1　其他应税消费品消费税纳税申报表

税款所属期：　　年　　月　　日至　　年　　月　　日

纳税人名称（公章）：

纳税人识别号：

填表日期：　　年　　月　　日

金额单位：元（列至角分）

项目 应税 消费品名称	适用税率	销售数量	销售额	应纳税额
合计	——	——	——	——

本期准予抵减税额：	声明
	此纳税申报表是根据国家税收法律的规定填报的，我确定它是真实的、可靠的、完整的。
本期减（免）税额：	经办人（签章）： 财务负责人（签章）：
期初未缴税额：	联系电话：

续 表

本期缴纳前期应纳税额：	（如果你已委托代理人申报，请填写）
	授权声明
本期预缴税额：	为代理一切税务事宜，现授权_____
	_____（地址）_____为
本期应补（退）税额：	本纳税人的代理申报人，任何与本申报表有关
	的往来文件，都可寄予此人。
	授权人签章：
期末未缴税额：	

以下由税务机关填写

受理人（签章）： 受理日期： 年 月 日 受理税务机关（章）：

（1）本表限化妆品、贵重首饰及珠宝玉石、鞭炮焰火、摩托车（排量＞250毫升）、摩托车（排量=250毫升）、高尔夫球及球具、高档手表、游艇、木制一次性筷子、实木地板等应税消费品；

（2）本表"销售数量"为《中华人民共和国消费税暂行条例》《中华人民共和国消费税暂行条例实施细则》及其他法规、规章规定的当期应申报缴纳消费税的应税消费品销售（不含出口免税）数量。

（二）教学目标

◎ 能准确地填写消费税纳税申报表。

◎ 能熟知消费税的征收管理政策。

◎ 能完成消费税的纳税申报和税款缴纳。

（三）教学资源

◎ 多媒体PPT课件 实物投影仪 任务操作单 学生工作页

◎ A日化公司经济业务内容和原始单据

◎ 企业纳税申报系统

◎ 学生自带工具：财会专用笔 计算器

（四）教学组织

本模块的教学关键是技能的训练，基于A日化公司2019年4月份的经济业务内容，以及对消费税纳税申报表填写方法的理解，逐步展开任务，由学生独立填写消费税的纳税申报表，完成A日化公司2019年4月份消费税的纳税申报与缴纳。由教师先行讲解消费税纳税申报表的填写方法，学生以4~6人为一个小组进行讨论。让学生在执行的过程中，熟悉消费税网上申报流程，并根据相关信息完成该公司2019年度4月份消费税的纳税申报与缴纳。各小组进行展示汇报，加强学生团结协作意识，教师进行总结点评。最后环节是师生共同将本节课的知识点进行归纳，尤其是消费税纳税申报表填写的注意事项，此项由学生通过实践后再总结出，以加深学生印象。

（五）教学过程

阶段	项目教学过程		学生学的活动	教师教的活动
1	项目引入	项目描述	1. 接受任务，形成小组 2. 理解学习目标，完成A日化公司2019年4月份消费税的纳税申报	1. 展示A日化公司2019年4月份的经济业务内容 2. 根据消费税应纳税额的计算结果，完成A日化公司2019年4月份消费税的纳税申报，做到准确无误
		知识准备	1. 能熟知消费税纳税申报表的填写方法 2. 能记住消费税应纳税额的纳税申报流程	解释性讲解消费税纳税申报表的填写方法和消费税申报流程
		任务定位	1. 查询消费税的纳税申报流程 2. 梳理相关概念 3. 完成A日化公司2019年4月份消费税的纳税申报	1. 发放"项目二模块四：消费税纳税申报"任务操作单、学生工作页 2. 示范消费税的纳税申报流程 3. 在学生完成任务过程中，指出学生出现的错误；在学生进行咨询时，给予指导和帮助 4. 归纳性讲解学生在进行消费税纳税申报过程中存在的共性问题 5. 确认所有学生明确任务并进入了工作者角色
2	项目实施	确定纳税申报流程	1. 小组查看A日化公司2019年4月份的经济业务内容 2. 小组确定A日化公司消费税的纳税申报流程	描述性讲解消费税纳税申报流程
		填写纳税申报表	1. 观察与理解纳税申报表的填写方法	1. 展示消费税纳税申报表填写的范例

续 表

阶段	项目教学过程		学生学的活动	教师教的活动
2	项目实施	填写纳税申报表	2. 按照A日化公司2019年4月份的经济业务内容，填写纳税申报表 3. 在实施任务的基础上，理解消费税纳税申报表中各项目之间的关系	2. 描述性讲解消费税纳税申报表的填写方法 3. 逐一指导学生完成任务，纠正存在的错误 4. 归纳性讲解消费税纳税申报表的各项目之间的关系
		完成纳税申报	1. 登录网上纳税申报系统完成网上纳税申报 2. 在完成任务过程中，领悟团队协作意识、依法纳税意识	1. 引导学生完成A日化公司2019年4月份消费税网上纳税申报 2. 对学生遇到的问题逐一进行解答 3. 对存在的问题进行讲解，并对小组完成情况形成评价 4. 在任务完成基础上，规定性讲解要求学生发展的团队合作意识、依法纳税意识等职业素养；通过对任务完成过程的观察，判断学生职业素养的发展状态
3	项目总结	项目展示与总体评价	1. 小组完成A日化公司2019年4月份消费税的纳税申报 2. 评价其他小组的优点与不足，提高对模块任务的理解	1. 组织学生展示各组或各人的最终成果 2. 组织学生对最终成果进行互评，让学生通过发现他人的问题，提高学生对消费税纳税申报流程及方法的理解
		项目学习小结	积极归纳消费税的纳税申报流程及方法	引导学生自我归纳消费税的纳税申报流程及方法

（六）技能评价

序号	技能	评判结果	
		是	否
1	能准确填写消费税纳税申报表		
2	能完成消费税网上纳税申报		

二、任务操作单

<table>
<tr><td colspan="5" align="center">任务操作单</td></tr>
<tr><td colspan="5">工作任务：其他应税消费品消费税纳税申报表的填制</td></tr>
<tr><td colspan="5">注意事项：本表限化妆品、贵重首饰及珠宝玉石、鞭炮焰火、摩托车（排量＞250毫升）、摩托车（排量＝250毫升）、高尔夫球及球具、高档手表、游艇、木制一次性筷子、实木地板等应税消费品。</td></tr>
<tr><td></td><td>编制项目</td><td>编制方法</td><td>编制标准</td><td>备注</td></tr>
<tr><td>1</td><td>税款所属期</td><td>填写纳税人申报的消费税所属时间</td><td>填写具体的起止年、月、日</td><td>C—E</td></tr>
<tr><td>2</td><td>应税消费品名称及适用税率</td><td>按照以下内容填写：化妆品为30%；贵重首饰及珠宝玉石为10%；金银首饰（铂金首饰、钻石及钻石饰品）为5%；鞭炮焰火15%；摩托车（排量＞250毫升）为10%；摩托车（排量＝250毫升）为3%；高尔夫球及球具为10%；高档手表为20%；游艇为10%；木制一次性筷子为5%；实木地板为5%</td><td>填写准确</td><td>C—E</td></tr>
<tr><td>3</td><td>应纳税额</td><td>计算公式如下：应纳税额＝销售额×适用税率</td><td>金额单位为元，数字小数点后保留两位</td><td>C—E</td></tr>
<tr><td>4</td><td>本期准予扣除税额</td><td>填写按税收法规规定本期外购或委托加工收回应税消费品后连续生产应税消费品准予扣除的消费税应纳税额</td><td>金额单位为元，数字小数点后保留两位</td><td>P—M</td></tr>
<tr><td>5</td><td>本期应补（退）税额</td><td>填写纳税人本期应纳税额中应补缴或应退回的数额，计算公式如下：本期应补（退）税额＝应纳税额（合计栏金额）-本期准予扣除税额-本期减（免）税额-本期预缴税额。多缴为负数。</td><td>金额单位为元，数字小数点后保留两位</td><td>P—M</td></tr>
</table>

三、学生工作页

学生工作页

任务名称：消费税纳税申报

一、工作目标（完成工作最终要达到的成果的形式）
根据A日化公司2019年4月份的经济业务内容和单据（包括增值税专用发票、普通发票和收据），利用消费税纳税申报表的填写方法及增值税的征收管理政策，完成该公司2019年4月份消费税的纳税申报。

二、工作实施（过程步骤、技术参数、要领等）

（一）讲解消费税的纳税申报流程

填写纳税申报表 ⟶ 完成纳税申报

（二）纳税义务发生时间

1.采取赊销和分期收款结算方式的，为＿＿＿＿＿＿＿＿的当天。

2.采取预收货款结算方式的，为＿＿＿＿＿＿＿＿的当天。

3.采取托收承付和委托银行收款方式的，为＿＿＿＿＿＿＿＿＿＿＿＿的当天。

4.采取其他结算方式的，为＿＿＿＿＿＿＿＿的当天。

5.自产自用应税消费品的，为＿＿＿＿＿＿＿＿的当天。

6.委托加工应税消费品的，为＿＿＿＿＿＿＿＿的当天。

7.进口应税消费品的，为＿＿＿＿＿＿＿＿的当天。

（三）纳税地点

1.纳税人销售的应税消费品，以及自产自用的应税消费品，除国家另外有规定的外，应当向纳税人核算地主管税务机关申报纳税。

2.委托加工的应税消费品，由受托方所在地主管税务机关解缴消费税税款。

3.进口的应税消费品，由进口人或者其代理人向报关地海关申报纳税。

4.纳税人到外县（市）销售或委托外县（市）代销自产应税消费品的，于应税消费品销售后，回纳税人核算地或所在地缴纳消费税。

5.纳税人的总机构与分支机构不在同一县（市）的，应当分别向各自机构所在地的主管税务机关申报纳税；经财政部、国家税务总局或者其授权的财政、税务机关批准，可以由总机构汇总向总机构所在地的主管税务机关申报纳税。

（四）纳税期限

根据我国《消费税暂行条例》的规定,消费税的纳税期限分别为＿＿＿＿日、＿＿＿＿日、＿＿＿＿日、＿＿＿＿日、＿＿＿＿日、1个月或者1个季度。具体纳税期限，由主管税务机关根据纳税人应纳税额的大小分别核定。不能按照固定期限纳税的，可以按次纳税。

（五）根据任务操作单填写纳税申报表

（六）进入网络纳税申报系统完成纳税申报

三、工作反思（检验评价、总结拓展等）

判断：

1. 企业把自己生产的应税消费品，以福利或奖励等形式发放给本厂职工，由于没有实现对外销售，因此应计入销售额，必须缴纳消费税。（　　）

2. 纳税人自产自用的应税消费品，以组成计税价格计算缴纳消费税。（　　）

3. 委托加工应税消费品，由委托方收回该消费品后缴纳消费税。（　　）

4. 进口应税消费品，应以销售收入为消费税征税对象。（　　）

5. 纳税人销售应税消费品一般向纳税人核算地主管税务机关申报纳税。（　　）

单选：

1. 某企业用本厂生产的酒精连续生产白酒，则其消费税的缴纳情况应为（　　）。

　　A. 酒精不纳税，白酒纳税　　　　B. 酒精与白酒都纳税

　　C. 酒精纳税，白酒不纳税　　　　D. 酒精与白酒都不纳税

2. 进口的应税消费品，实行从价定率办法计算应纳税额的，计算消费税的计税价格应按照（　　）计算。

　　A. 消费品价格　　　　　　　　　B. 组成计税价格

　　C. 完税价格　　　　　　　　　　D. 同类商品价格

3. 实行从价定率征税的消费品，应以（　　）的消费品价格为计税依据。

　　A. 含消费税不含增值税　　　　　B. 含增值税不含消费税

　　C. 不含增值税和消费税　　　　　D. 含增值税和消费税

4. 纳税人自产自用应税消费品，用于连续生产应税消费品的（　　）。

　　A. 视同销售纳税　　　　　　　　B. 于移送使用时纳税

　　C. 按组成计税价格纳税　　　　　D. 不纳税

5. 与销售应税消费品（从价计征）有关的包装物押金（　　）。

　　A. 应按包装物的适用税率征收消费税

　　B. 应按所包装的消费品的适用税率征收消费税

　　C. 可不征收消费税

　　D. 根据会计核算不同而不同

6. 符合消费税纳税义务发生时间规定的是（　　）。

　　A. 进口的应税消费品，为取得进口货物的当天

　　B. 自产自用的应税消费品，为移送使用的当天

　　C. 委托加工的应税消费品，为支付加工费的当天

　　D. 采取预收货款结算方式的，为收到预收款的当天

多选：

1. 不缴纳消费税的项目有（　　　　）。

　　A. 委托加工收回的已税消费品用于对外销售

　　B. 将自产应税消费品用于展销

　　C. 将自产应税消费品用于连续生产应税消费品

　　D. 将生产的小汽车提供给上级主管部门使用

2. 属于实行复合计税办法的消费品有（　　　　）。

　　A. 卷烟　　　　　　　B. 烟丝　　　　　　　C. 粮食白酒　　　　　　　D. 薯类白酒

3. 符合消费税纳税地点规定的有（　　　　）。

　　A. 委托加工的应税消费品，由委托方向所在地税务机关申报缴纳

　　B. 进口的应税消费品，由进口人或其代理人向报关地海关申报缴纳

　　C. 纳税人总机构与分支机构不在同一县（市）的，分支机构应回总机构申报缴纳

　　D. 纳税人到外县（市）销售自产应税消费品的，应回纳税人核算地申报缴纳

项目三　关税的计算与缴纳

● 项目描述 ●

　　根据九州公司2016年3月份的经济业务内容和财务报表，利用关税应纳税额的计算公式和纳税申报流程，完成九州公司2016年3月份关税的计算与缴纳。

模块一　关税的计算

一、教学设计

（一）模块描述

　　根据九州公司2016年3月份的经济业务内容，利用关税应纳税额的计算公式，完成九州公司2016年3月份关税的计算。

（二）教学目标

◎ 能判断关税的征税范围及税率。

◎ 能完成关税应纳税额的计算。

◎ 能合理运用国家关税税收优惠政策，减轻企业税负。

（三）教学资源

◎ 多媒体PPT课件　实物投影仪　任务操作单　学生工作页

◎ 九州公司经济业务内容和原始单据

◎ 学生自带工具：财会专用笔　计算器

（四）教学组织

　　本模块的教学关键是技能的训练，基于九州公司2016年3月份的经济业务内容和利润表，以及对关税应纳税额计算公式的理解，逐步展开任务，由学生独立完成九州公司2016年3月份关税应纳税额的计算。由教师先行讲解关税的计算方法，学生以4～6人为一个小组进行讨论。让学生在执行的过程中，熟悉该计算方法，并根据相关信息完成该公司2016年3月份关税应纳税额的计算。各小组进行展示汇报，加强学生团结合作意识，教师进行总结点评。最后环节是师生共同将本节课的知识点进行归纳，尤其是关税应纳税额计算公式，此项由学生通过实践后再总结出，以加深学生印象。

（五）教学过程

阶段	项目教学过程		学生学的活动	教师教的活动
1	项目引入	项目描述	1. 接受任务，形成小组。 2. 理解学习目标：能判断关税的征税范围及税率；能完成九州公司2016年3月份关税应纳税额的计算；能合理运用国家关税税收优惠政策	1. 展示九州公司2016年3月份的经济业务内容与利润表 2. 根据关税应纳税额的计算方法，完成九州公司2016年3月份关税应纳税额的计算，做到准确无误
		知识准备	1. 能熟知关税的纳税范围和税率 2. 能记住关税应纳税额的计算方法	解释性讲解关税的纳税范围、税率和计算公式
		任务定位	1. 查询关税的征税范围和税率 2. 梳理相关概念 3. 完成九州公司2016年3月份关税的计算	1. 发放"项目三模块一：关税的计算"任务操作单、学生工作页 2. 示范关税的计算方法 3. 在学生完成任务过程中，指出学生出现的错误；在学生进行咨询时，给予指导和帮助 4. 归纳性讲解学生在进行关税计算的过程中存在的共性问题 5. 确认所有学生明确任务并进入了工作者角色
2	项目实施	确定计税方法	1. 小组查看九州公司2016年3月份的经济业务内容与利润表 2. 小组确定九州公司关税的计算步骤	描述性讲解关税应纳税额计算步骤
		确定计税依据	1. 理解关税的应纳税所得额，确定计税依据	1. 展示确定关税计税依据的范例

阶段	项目教学过程	学生学的活动	教师教的活动
2	项目实施	**确定计税依据** 2. 按照九州公司2016年3月份的经济业务内容和利润表，确定公司关税应纳税所得额 3. 在实施任务的基础上，理解关税应纳税所得额的计算公式	2. 逐一指导学生完成任务，纠正存在的错误 3. 归纳性讲解关税应纳税所得额的计算公式
		计算应纳税额 1. 确定九州公司税率 2. 小组提出疑惑 3. 计算九州公司2016年3月份关税应纳税额	1. 示范性讲解关税应纳税额的计算公式 2. 组织具有代表性的小组阐述关税的计算方法 3. 对学生遇到的问题逐一进行解答 4. 对存在的问题进行讲解，并对小组完成情况形成评价 5. 在任务完成基础上，规定性讲解要求学生发展的团队合作意识、依法纳税意识等职业素养；通过对任务完成过程的观察，判断学生职业素养的发展状态
3	项目总结	**项目展示与总体评价** 1. 小组完成九州公司2016年3月份关税应纳税额的计算 2. 评价其他小组的优点与不足，提高对关税计算方法的理解	1. 组织学生展示各组或各人的计算过程及结果 2. 组织学生对最终结果进行互评，通过发现他人的问题，提高学生对关税计算方法的理解
		项目学习小结 积极归纳通过该项目所取得的学习成果	引导学生自我归纳通过该项目所取得的学习成果

（六）技能评价

序号	技能	评判结果	
		是	否
1	能判断关税的征税范围和对应税率		
2	能完成关税应纳税额的计算		

二、任务操作单

任务操作单

工作任务：关税完税价格的确定

注意事项：进出口货物的完税价格是指海关以该货物的成交价格为基础，根据货物的不同类型分情况确定的关税的完税价格。

	如果	以及	那么		备注
			类型判定	处理	
1	一般进口货物				P—M
2	特殊进口货物	运往境外修理的货物			P—M
		运往境外加工货物			P—M
		以租赁方式进口的货物			P—M
3	出口货物				P—D

三、学生工作页

学生工作页

任务名称：关税计算

一、工作目标（完成工作最终要达到的成果的形式）

根据九州公司2016年3月份的经济业务内容，利用关税应纳税额的计算公式，完成九州公司2016年3月份关税的计算。

二、工作实施（过程步骤、技术参数、要领等）

（一）布置任务

1. 学生查看九州公司2016年3月份的经济业务内容和单据。

续表

2.明确工作任务目标：计算九州公司2016年3月份关税的应纳税额。

（二）计算完税价格

1.一般进口货物的完税价格

进出口货物以成交价格为基础计算完税价格。

2.对实付或应付价格进行调整的有关规定

3.特殊进口货物的完税价格

（1）运往境外修理的货物

（2）运往境外加工的货物

（3）以租赁方式进口的货物

（4）进口货物海关估价方法

（5）出口货物的完税价格

（6）运费和保险费的确定

（三）确定九州公司完税价格

（四）计算九州公司应缴纳的关税

三、工作反思（检验评价、总结拓展等）

1.运往境外修理的机械器具、运输工具或其他货物，出境时已向海关报明并在海关规
定期限内复运进境的，应当以海关审查确定的正常的（   ），作为完税价格。

A.修理费   B.料件费

C.修理费和料件费   D.同类货物的到岸价格

2. 国内单位留购的进口货样、展览品和广告陈列品，以（　　）作为完税价格。但买方除此之外又直接或间接给卖方一定利益的，海关可以另行确定上述货物的完税价格。

　　A. 留购价格　　　　　　　　　　　B. 原到岸价格

　　C. 留购时同类货物到岸价格　　　　D. 留购时同类货物离岸价格

3. 加工贸易进口料件及其制成品需征税的，海关按照一般进口货物的规定审定完税价格。下列各项中，符合审定完税价格规定的是（　　）。

　　A. 进口时需征税的进料加工进口料件，以该料件申报进口时的价格估定。

　　B. 内销的进料加工进口料件或其制成品，以该料件申报进口时的价格估定。

　　C. 内销的来料加工进口料件或其制成品，以该料件申报进口时的价格估定。

　　D. 出口加工区内的加工企业内销的制成品，以该料件申报进口时的价格估定。

拓展： 学生针对问题进行讲解并总结本节课的内容。

模块二　关税缴纳

一、教学设计

（一）模块描述

　　根据九州公司2016年3月份的经济业务内容，利用关税应纳税额的计算结果，完成九州公司2016年3月份关税的缴纳。

表3-1　中华人民共和国海关出口货物报关单

预录入编号：　　　　　　　　　　　　　　　　　海关编号：

出口口岸	备案号	出口日期	申报日期
经营单位	运输方式	运输工具名称	提运单号
发货单位	贸易方式	征免性质	结汇方式
许可证号	运抵国（地区）	指运港	境内货源地

续 表

批准文号		成交方式	运费	保费		杂费	
合同协议号		件数	包装种类	毛重（公斤）		净重（公斤）	
集装箱号		随附单据				生产厂家	

标记唛码及备注

项号	商品编号	商品名称	规格号	数量及单位	最终目的国（地区）	单价	总价	币制	征免

税费征收情况

录入员 录入单位	兹声明以上申报无讹并承担法律责任	海关审单批注及放行日期（签章）	
报关员		审单 审价	
单位地址 申报日期（签章）		征税 统计	
邮编 电话 填制日期		查验 放行	

表3-2 中华人民共和国进口货物报关单

预录入编号： 海关编号：

进口口岸	备案号	进口日期	申报日期
经营单位	运输方式	运输工具名称	提运单号
收货单位	贸易方式	征免性质	征税比例

续 表

许可证号	起运国（地区）	装货港		境内目的地	
批准文号	成交方式	运费		保费	杂费
合同协议号	件数	包装种类	毛重（公斤）		净重（公斤）
集装箱号	随附单据			用途	

标记唛码和备注：

项号	商品编号	商品名称、规格型号	数量及单位	原产国（地区）	单价	总价	币制	征免

税费征收情况

录入员	录入单位	兹声明以上申报无讹并承担法律责任	海关审单批注及放行日期（签章）
报关员 单位地址 邮编 电话 填制日期		申报单位（签章）	征税 审价 查验 放行

（二）教学目标

◎ 能正确地填写关税报关单。

◎ 能完成九州公司关税税款缴纳。

（三）教学资源

◎ 多媒体PPT课件　实物投影仪　任务操作单　学生工作页

◎ 九州公司经济业务内容

◎ 企业纳税申报系统

◎ 学生自带工具：财会专用笔　计算器

（四）教学组织

本模块的教学关键是技能的训练，基于九州公司2016年3月份的经济业务内容，以及对关税报关单的理解，逐步展开任务，由学生独立填写关税报关单，完成九州公司2016年3月份关税的缴纳。由教师先行讲解关税报关单的填写方法和缴纳流程，学生以4~6人为一个小组进行讨论。让学生在执行的过程中，熟悉关税缴纳流程，并根据相关信息完成该公司2016年3月份关税的缴纳。各小组进行展示汇报，加强学生团结合作意识，教师进行总结点评。最后环节是师生共同将本节课的知识点进行归纳，尤其是关税报关单填写的注意事项，此项由学生通过实践后再总结出，以加深学生印象。

（五）教学过程

阶段	项目教学过程		学生学的活动	教师教的活动
1	项目引入	项目描述	1. 接受任务，形成小组 2. 理解学习目标，完成九州公司2016年3月份关税的缴纳	1. 展示九州公司2016年3月份的经济业务内容 2. 根据关税应纳税额的计算结果，完成九州公司2016年3月份关税的缴纳，做到准确无误
		知识准备	1. 能熟知国家关税征收管理办法 2. 能记住关税税额缴纳流程	解释性讲解关税的征收管理办法和缴纳流程
		任务定位	1. 查询关税的税款缴纳流程 2. 梳理相关概念 3. 完成九州公司2016年3月份关税税款的缴纳	1. 发放"项目三模块二：关税缴纳"任务操作单、学生工作页 2. 示范关税的税款缴纳 3. 在学生完成任务过程中，指出学生出现的错误；在学生进行咨询时，给予指导和帮助 4. 归纳性讲解学生在进行关税缴纳任务实践过程中存在的共性问题 5. 确认所有学生明确任务并进入了工作者角色

阶段	项目教学过程	学生学的活动	教师教的活动
2	项目实施	**确定税款缴纳流程** 1. 小组查看九州公司2016年3月份的经济业务内容 2. 小组确定九州公司关税的税款缴纳流程	描述性讲解关税的征收管理政策和缴纳流程
		填写报关单 1. 观察与理解报关单的填写方法 2. 按照九州公司2016年3月份的经济业务内容，填写报关单 3. 在实施任务的基础上理解关税报关单中各项目之间的关系	1. 展示关税报关单填写的范例 2. 描述性讲解进出口货物报关单的填写方法 3. 逐一指导学生完成任务，纠正存在的错误 4. 归纳性讲解关税报关单填写方法
		完成税款缴纳 1. 完成九州公司关税的税款缴纳 2. 在完成任务过程中，领悟团队协作意识、依法纳税意识	1. 引导学生完成九州公司2016年3月份关税的税款缴纳 2. 对学生遇到的问题逐一进行解答 3. 对存在的问题进行讲解，并对小组完成情况形成评价 4. 在任务完成基础上，规定性讲解要求学生发展的团队合作意识、依法纳税意识等职业素养；通过对任务完成过程的观察，判断学生职业素养的发展状态
3	项目总结	**项目展示与总体评价** 1. 小组完成九州公司2016年3月份关税的税款缴纳 2. 评价其他小组的优点与不足，提高对关税缴纳过程的理解	1. 组织学生展示各组或各人的关税缴纳的过程及结果 2. 组织学生对最终成果进行互评，通过发现他人的问题，提高学生对关税缴纳过程的理解
		项目学习小结 积极归纳关税的缴纳过程	引导学生自我归纳关税的缴纳过程

税 收 基 础 SHUI SHOU JI CHU

（六）技能评价

序号	技能	评判结果	
		是	否
1	能准确填写报关单		
2	能完成关税的税款缴纳		

二、学生工作页

学生工作页

任务名称：关税缴纳

一、工作目标（完成工作最终要达到的成果的形式）

根据九州公司2016年3月份的经济业务内容，利用关税应纳税额的计算结果，完成九州公司2016年3月份关税的缴纳。

二、工作实施（过程步骤、技术参数、要领等）

（一）关税税款的缴纳

1.进出口货物的纳税义务人，应当自＿＿＿＿＿＿＿＿＿缴纳税款。

2.未按规定期限缴纳税款而逾期缴纳的，由海关征收＿＿＿＿＿＿＿＿。

3.纳税义务人、担保人超过三个月仍未缴纳的，经直属海关关长或者其授权的隶属海关关长批准，海关可以采取下列强制措施：

＿＿＿＿＿＿＿＿＿＿＿＿＿＿＿＿＿＿＿＿＿＿＿＿＿＿＿＿＿＿＿＿

＿＿＿＿＿＿＿＿＿＿＿＿＿＿＿＿＿＿＿＿＿＿＿＿＿＿＿＿＿＿＿＿

＿＿＿＿＿＿＿＿＿＿＿＿＿＿＿＿＿＿＿＿＿＿＿＿＿＿＿＿＿＿＿＿

＿＿＿＿＿＿＿＿＿＿＿＿＿＿＿＿＿＿＿＿＿＿＿＿＿＿＿＿＿＿＿＿

＿＿＿＿＿＿＿＿＿＿＿＿＿＿＿＿＿＿＿＿＿＿＿＿＿＿＿＿＿＿＿＿

（二）关税税收保全措施

一是＿＿＿＿＿＿＿＿＿＿＿＿＿＿＿＿＿＿＿＿＿＿＿＿＿＿＿＿＿＿

二是＿＿＿＿＿＿＿＿＿＿＿＿＿＿＿＿＿＿＿＿＿＿＿＿＿＿＿＿＿＿

（三）关税退还的相关情形：

1.＿＿＿＿＿＿＿＿＿＿＿＿＿＿＿＿＿＿＿＿＿＿＿＿＿＿＿＿＿＿

2.＿＿＿＿＿＿＿＿＿＿＿＿＿＿＿＿＿＿＿＿＿＿＿＿＿＿＿＿＿＿

3. _____

（四）关税的补征和追征

区分关税补征和追征的相关情况：_____

_____

_____

（五）填写报关单

中华人民共和国海关出口货物报关单

预录入编号： 海关编号：

出口口岸	备案号		出口日期	申报日期
经营单位	运输方式		运输工具名称	提运单号
发货单位	贸易方式		征免性质	结汇方式
许可证号	运抵国（地区）		指运港	境内货源地
批准文号	成交方式	运费	保费	杂费
合同协议号	件数	包装种类	毛重（公斤）	净重（公斤）
集装箱号	随附单据			生产厂家

标记唛码及备注

项号	商品编号	商品名称	规格号	数量及单位	最终目的国（地区）	单价	总价	币制	征免

税费征收情况

录入员　　录入单位	兹声明以上申报无讹并承担法律责任	海关审单批注及放行日期（签章）
报关员 单位地址　　申报日期（签章） 邮编　　电话　　填制日期		审单　　　　　　　审价
		征税　　　　　　　统计
		查验　　　　　　　放行

三、工作反思（检验评价、总结拓展等）

1. 进出口货物的纳税义务人，应当自海关填发税款缴款书之日起（   ）内缴纳税款。

    A. 10日   B. 15日   C. 1个月   D. 3个月

2. 纳税义务人、担保人超过（   ）仍未缴纳的，经直属海关关长或者其授权的隶属海关关长批准，海关可以采取强制扣缴、变价抵缴等强制措施。

    A. 30日   B. 3个月   C. 6个月   D. 1年

拓展：学生针对问题进行讲解并总结本节课的内容。

项目四 企业所得税的计算与纳税申报

● 项目描述 ●

根据亿佳日用品公司2016年的经济业务内容和财务报表，利用企业所得税应纳税额的计算公式和纳税申报流程，完成亿佳日用品公司2016年企业所得税的计算与纳税申报。

模块一 企业所得税的计算

一、教学设计

（一）模块描述

根据亿佳日用品公司2016年的经济业务内容和利润表，利用企业所得税应纳税额的计算公式，完成亿佳日用品公司2016年企业所得税的计算。

利润表

编制单位：亿佳日用品公司	税款所属期：2016年01月01日至2016年12月31日		单位：元
项目	行次	本期金额	上期金额
一、主营业务收入	1	3000000.00	2490000.00
减：主营业务成本	2	1300000.00	1220000.00
主营业务税金及附加	3	69000.00	79000.00
二、主营业务利润（亏损以"-"号填列）	4	1631000.00	1191000.00
加：其他业务利润（亏损以"-"号填列）	5	0.00	0.00
减：营业费用	6	700000.00	610000.00
管理费用	7	600000.00	405000.00
财务费用	8	300000.00	150000.00
三、营业利润（亏损以"-"号填列）	9	31000.00	26000.00
加：投资收益（损失以"-"号填列）	10	0.00	0.00
补贴收入	11	0.00	0.00
营业外收入	12	0.00	0.00
减：营业外支出	13	11000.00	15000.00
四、利润总额（亏损以"-"号填列）	14	20000.00	11000.00
减：所得税	15		
五、净利润（净亏损以"-"号填列）	16		

图4-1 企业利润表

（二）教学目标

◎ 能判断企业所得税的征税范围及税率。

◎ 能完成企业所得税应纳税额的计算。

◎ 能合理运用国家企业所得税税收优惠政策，减轻企业税负。

（三）教学资源

◎ 多媒体PPT课件　实物投影仪　任务操作单　学生工作页

◎ 亿佳日用品公司经济业务内容和原始单据

◎ 企业纳税申报系统

◎ 学生自带工具：财会专用笔　计算器

（四）教学组织

本模块的教学关键是技能的训练，基于亿佳日用品公司2016年经济业务内容和利润表，以及对企业所得税应纳税额计算公式的理解，逐步展开任务，由学生独立完成亿佳日用品公司2016年企业所得税应纳税额的计算。由教师先行讲解企业所得税的计算方法，学生以4～6人为一个小组进行讨论。让学生在执行的过程中，熟悉该计算方法，并根据相关信息完成公司2016年度企业所得税应纳税额的计算。各小组进行展示汇报，加强学生团结合作意识，教师进行总结点评。最后环节是师生共同将本节课的知识点进行归纳，尤其是企业所得税应纳税额计算公式，此项由学生通过实践后再总结出，以加深学生印象。

（五）教学过程

阶段	项目教学过程		学生学的活动	教师教的活动
1	项目引入	项目描述	1. 接受任务，形成小组 2. 理解学习目标，完成亿佳日用品公司2016年度企业所得税应纳税额的计算	1. 展示亿佳日用品公司2016年度的经济业务内容与利润表 2. 根据企业所得税应纳税额的计算方法，完成亿佳日用品公司2016年度企业所得税应纳税额的计算，做到准确无误
		知识准备	1. 能熟知企业所得税的纳税范围和税率 2. 能记住企业所得税应纳税额的计算方法	解释性讲解企业所得税的纳税范围、税率和计算公式
		任务定位	1. 查询企业所得税的征税范围和税率	1. 发放"项目四模块一：企业所得税的计算"任务操作单、

阶段	项目教学过程		学生学的活动	教师教的活动
1	项目引入	任务定位	2. 梳理相关概念 3. 完成亿佳日用品公司2016年度企业所得税的计算	学生工作页 2. 示范企业所得税的计算方法 3. 在学生完成任务过程中，指出学生出现的错误；在学生进行咨询时，给予指导和帮助 4. 归纳性讲解学生在进行企业所得税的计算过程中存在的共性问题 5. 确认所有学生明确任务并进入了工作者角色
2	项目实施	确定计税方法	1. 小组查看亿佳日用品公司2016年度的经济业务内容与利润表 2. 小组确定亿佳日用品公司企业所得税的计算步骤	描述性讲解企业所得税应纳税额计算步骤
		确定计税依据	1. 理解企业所得税的应纳税所得额，确定计税依据 2. 按照亿佳日用品公司2016年度的经济业务内容和利润表，确定公司企业所得税应纳税所得额 3. 在实施任务的基础上，理解应纳税所得额的计算公式	1. 展示确定企业所得税计税依据的范例 2. 逐一指导学生完成任务，纠正存在的错误 3. 归纳性讲解应纳税所得额的计算公式
		计算应纳税额	1. 确定亿佳日用品公司适用的企业所得税税率 2. 小组提出疑问 3. 计算亿佳公司2016年度企业所得税应纳税额	1. 描述性讲解企业所得税应纳税额的计算公式 2. 组织具有代表性的小组阐述企业所得税的计算方法 3. 对学生遇到的问题逐一进行解答 4..对存在的问题进行讲解，并对小组完成情况形成评价

阶段	项目教学过程	学生学的活动	教师教的活动
3	项目总结	项目展示与总体评价	1. 小组完成亿佳日用品公司2016年度企业所得税的计算 2. 评价其他小组的优点与不足，提高对企业所得税计算的理解	1. 组织学生展示各组或各人的企业所得税的计算过程及结果 2. 组织学生对最终结果进行互评，通过发现他人的问题，提高学生对企业所得税计算的理解
		项目学习小结	积极归纳企业所得税计算方法与学习心得体会	引导学生自我归纳企业所得税计算方法与学习心得体会

（六）技能评价

序号	技能	评判结果	
		是	否
1	能确定企业所得税的计税依据		
2	能正确计算企业所得税的应纳税额		

二、任务操作单

任务操作单

工作任务：分期确认收入

注意事项：在计算企业所得税时，如果收入是分期的，应该按收入进行分情况处理。

	如果	那么		备注
		类型判定	处理	
1	分期收款方式确定销售货物的			C—E
2	企业受托加工制造大型机械设备、船舶等，持续时间超过12个月的			P—D
3	采取产品分成方式取得收入的			P—D

续 表

| 如果 | 那么 | | 备注 |
	类型判定	处理	
4	企业发生非货币资产交换，以及将货物、财产、劳务用于捐赠、偿债、赞助、集资、广告、样品、职工福利或者利润分配等用途的			P–D

三、学生工作页

学生工作页

任务名称： 企业所得税计算

一、工作目标（完成工作最终要达到的成果的形式）

根据亿佳日用品公司2016年的经济业务内容和利润表，利用企业所得税应纳税额的计算公式，完成亿佳日用品公司2016年企业所得税的计算。

二、工作实施（过程步骤、技术参数、要领等）

（一）布置任务

1. 学生查看亿佳日用品公司2016年的经济业务内容和单据。

利润表

编制单位：亿佳日用品公司　　税款所属期：2016年01月01日至2016年12月31日　　单位：元

项目	行次	本期金额	上期金额
一、主营业务收入	1	3000000.00	2490000.00
减：主营业务成本	2	1300000.00	1220000.00
主营业务税金及附加	3	69000.00	79000.00
二、主营业务利润（亏损以"-"号填列）	4	1631000.00	1191000.00
加：其他业务利润（亏损以"-"号填列）	5	0.00	0.00
减：营业费用	6	700000.00	610000.00
管理费用	7	600000.00	405000.00
财务费用	8	300000.00	150000.00
三、营业利润（亏损以"-"号填列）	9	31000.00	26000.00
加：投资收益（损失以"-"号填列）	10	0.00	0.00
补贴收入	11	0.00	0.00
营业外收入	12	0.00	0.00
减：营业外支出	13	11000.00	15000.00
四、利润总额（亏损以"-"号填列）	14	20000.00	11000.00
减：所得税	15		
五、净利润（净亏损以"-"号填列）	16		

2.明确工作任务目标：亿佳日用品公司2016年企业所得税的计算。

（二）收入的确认

1.销售货物收入

2.提供劳务收入

3.转让财产收入

4.股息及红利等权益性投资收益

5.利息收入

6.租金收入

7.特许权使用费收入

8.接受捐赠收入

9.其他收入

（三）分期确认收入

1.以分期收款方式销售货物的，按照＿＿＿＿＿＿＿＿＿确认收入的实现。

2.企业受托加工制造大型机械设备、船舶、飞机，以及从事建筑、安装、装配工程业务或者提供其他劳务等，持续时间超过12个月的，按照＿＿＿＿＿＿＿＿确认收入的实现。

3.采取产品分成方式取得收入的，按照＿＿＿＿＿＿＿＿＿确认收入的实现。

（四）不征税收入

1.财政拨款

2.行政事业性收费

3.政府性基金

4.其他不征税收入

（五）免税收入

国家为了扶持和鼓励某些特殊的纳税人和特殊的项目，对企业取得的某些收入实行免税的特殊政策，这些收入称为免税收入。具体包括：

1.＿＿＿＿＿＿＿＿＿＿＿＿＿＿＿＿＿＿＿＿＿＿＿＿＿＿＿＿＿＿＿＿＿

2.＿＿＿＿＿＿＿＿＿＿＿＿＿＿＿＿＿＿＿＿＿＿＿＿＿＿＿＿＿＿＿＿＿

3.＿＿＿＿＿＿＿＿＿＿＿＿＿＿＿＿＿＿＿＿＿＿＿＿＿＿＿＿＿＿＿＿＿

4.＿＿＿＿＿＿＿＿＿＿＿＿＿＿＿＿＿＿＿＿＿＿＿＿＿＿＿＿＿＿＿＿＿

（六）扣除项目范围

1.成本＿＿＿＿＿＿＿＿＿＿＿＿＿＿＿＿＿＿＿＿＿＿＿＿＿＿＿＿＿＿

2.费用＿＿＿＿＿＿＿＿＿＿＿＿＿＿＿＿＿＿＿＿＿＿＿＿＿＿＿＿＿＿

3.税金＿＿＿＿＿＿＿＿＿＿＿＿＿＿＿＿＿＿＿＿＿＿＿＿＿＿＿＿＿＿

4.损失＿＿＿＿＿＿＿＿＿＿＿＿＿＿＿＿＿＿＿＿＿＿＿＿＿＿＿＿＿＿

5. 其他支出

（七）扣除项目及其标准

工资薪金 _____

保险费 _____

借款费用 _____

利息支出 _____

汇兑损失 _____

职工福利费 _____

工会经费 _____

职工教育经费 _____

业务招待费 _____

广告费和业务宣传费 _____

专项资金 _____

租赁费 _____

劳动保护支出 _____

公益性捐赠支出 _____

其他扣除项目 _____

（八）不得扣除项目

在计算应纳税所得额时，下列支出不得扣除：

向投资者支付的利息、红利等权益性投资收益款项

企业所得税税款

税收滞纳金

罚金、罚款和被没收财物的损失

超出规定标准的捐赠支出

赞助支出

未经核定的准备金支出

企业之间支付的管理费

与取得收入无关的其他支出

（九）查找企业所得税税率

表4-1 企业所得税税率表

类别	适用范围	税率（%）
基本税率		25
低税率	（1）非居民企业在中国境内未设立机构、场所的，或者虽设立机	20

类别	适用范围	税率（%）
低税率	构、场所但取得的所得与其所设机构、场所没有实际联系的，其来源于中国境内的所得 （2）符合条件的小型微利企业	20
优惠税率	（1）国家需要重点扶持的高新技术企业 （2）自2017年1月1日起，全国范围内经认定的技术先进型服务企业	15
优惠税率	非居民企业取得《企业所得税法》第二十七条第五项规定的所得，亦即《企业所得税法》第三条第三款规定的所得，亦即：非居民企业在中国境内未设立机构、场所的，或者虽设立机构、场所但取得的所得与其所设机构、场所没有实际联系的，其来源于中国境内的所得	10

（十）计算应纳税额

企业所得税应纳税额=年度应纳税所得额×所得税税率

在直接法下，年度应纳税所得额的计算公式为：

年度应纳税所得额=收入总额－不征税收入－免税收入－各项扣除－允许弥补的以前年度亏损

在间接法下，年度应纳税所得额的计算公式为：

年度应纳税所得额=年度会计利润总额+纳税调增金额－纳税调减金额

（十一）计算亿佳日用品公司企业所得税

三、工作反思（检验评价、总结拓展等）

（一）单项选择

1. 根据企业所得税法规定，以下对于收入确认时间的表述中不正确的是（　　　）。

A. 特许权使用费收入，按照特许权使用人实际支付特许权使用费的日期确认收入的实现。

B. 接收捐赠收入，按照实际收到捐赠资产的日期确认收入的实现。

C. 利息收入，按照合同约定的债务人应付利息的日期确认收入的实现。

D. 股息、红利等权益性投资收益，除国务院财政、税务主管部门另有规定外，按照被投资方作出利润分配决定的日期确认收入的实现。

2. 纳税人在计算企业应纳税所得额时，下列项目中应列入收入总额的有（　　　）。

A. 工程价款结算收入　　　　　　　B. 固定资产转让收入

C. 特许权使用费收入　　　　　　　D. 没收的包装物押金收入

3. 根据企业所得税法规定，国家重点扶持的高新技术企业，适用的企业所得税税率是（   ）。

A. 10%　　　　　B. 15%　　　　　C. 20%　　　　　D. 25%

4. 现行的企业所得税的税率不包括（   ）。

A. 15%　　　　　B. 20%　　　　　C. 25%　　　　　D. 30%

5. 一般企业适用的企业所得税税率为（   ）。

A. 15%　　　　　B. 20%　　　　　C. 25%　　　　　D. 30%

6. 符合条件的小型微利企业，减按（   ）的税率征收企业所得税。

A. 15%　　　　　B. 20%　　　　　C. 25%　　　　　D. 30%

7. 根据企业所得税的规定，以下收入中属于不征税收入的是（   ）。

A. 财政拨款

B. 在中国境内设立机构、场所的非军民企业，连续持有居民企业公开发行并上市流通的股票不足12个月取得投资收益

C. 非营利组织从事营利性活动取得的收入

D. 国债利息收入

8. 纳税人在计算企业应纳税所得额时，下列项目中应列入收入总额的有（   ）。

A. 工程价款结算收入　　　　　　B. 固定资产转让收入

C. 特许权使用费收入　　　　　　D. 没收的包装物押金收入

（二）计算题

1. 利民公司上年度销售收入为9 068万元，销售成本为4 000万元，期间费用为1 500万元，营业外支出账户中列支缴纳的违反《环保法》的罚款5万元，违反经济合同的违约金6万元，缴纳的税收滞纳金8万元，偷税被处的罚款10.8万元。计算利民公司上年度应纳的企业所得税额。

2. 康宁公司上年境内经营应纳税所得额为2 000万元，其在A国设有分支机构，取得税后所得360万元，在A国按40%税率交纳了所得税。计算该公司上年度境内、外所得汇总缴纳的所得税税额。

模块二　企业所得税的纳税申报

一、教学设计

（一）模块描述

根据亿佳日用品公司2016年的经济业务内容和利润表，利用企业所得税应纳税额

的计算结果，完成亿佳日用品公司2016年企业所得税的纳税申报。

表4-2　中华人民共和国企业所得税年度纳税申报表（A类）

行次	类别	项目	金额
1	利润总额计算	一、营业收入（填写A101010\101020\103000）	
2		减：营业成本（填写A102010\102020\103000）	
3		税金及附加	
4		销售费用（填写A104000）	
5		管理费用（填写A104000）	
6		财务费用（填写A10400）	
7		资产减值损失	
8		加：公允价值变动收益	
9		投资收益	
10		二、营业利润（1-2-3-4-5-6-7+8+9）	
11		加：营业外收入（填写A101010\101020\103000）	
12		减：营业外支出（填写A102010\102020\103000）	
13		三、利润总额（10+11-12）	
14	应纳税所得额计算	减：境外所得（填写A108010）	
15		加：纳税调整增加额（填写A105000）	
16		减：纳税调整减少额（填写A105000）	
17		减：免税、减计收入及加计扣除（填写A107010）	
18		加：境外应税所得抵减境内亏损（填写A108000）	
19		四、纳税调整后所得（13-14+15-16-17+18）	
20		减：所得减免（填写A107020）	
21		减：抵扣应纳税所得额（填写A107030）	
22		减：弥补以前年度亏损（填写A106000）	
23		五、应纳税所得额（19-20-21-22）	

行次	类别	项目	金额
24	应纳税额计算	税率（25%）	
25		六、应纳所得税额（23×24）	
26		减：减免所得税额（填写A107040）	
27		减：抵免所得税额（填写A107050）	
28		七、应纳税额（25-26-27）	
29		加：境外所得应纳所得税额（填写A108000）	
30		减：境外所得抵免所得税额（填写A108000）	
31		八、实际应纳所得税额（28+29-30）	
32		减：本年累计实际已预缴的所得税额	
33	应纳税额计算	九、本年应补（退）所得税额（31-32）	
34		其中：总机构分摊本年应补（退）所得税额（填写A109000）	
35		财政集中分配本年应补（退）所得税额（填写A109000）	
36		总机构主体生产经营部门分摊本年应补（退）所得税额（填写A109000）	
37	附列资料	以前年度多缴的所得税额在本年抵减额	
38		以前年度应缴未缴在本年入库所得税额	

（二）教学目标

◎ 能正确地填写企业所得税纳税申报表。

◎ 能完成亿佳日用品公司企业所得税纳税申报与税款缴纳。

（三）教学资源

◎ 多媒体PPT课件　实物投影仪　任务操作单　学生工作页

◎ 亿佳日用品公司经济业务内容利润表

◎ 企业纳税申报系统

◎ 学生自带工具：财会专用笔　计算器

（四）教学组织

本模块的教学关键是技能的训练，基于亿佳日用品公司2016年的经济业务内容和利润表，以及对企业所得税纳税申报表填写方法的理解，逐步展开任务，由学生独立填写企业所得税的纳税申报表，完成亿佳日用品公司2016年企业所得税纳税申报与缴纳。由教师先行讲解企业所得税纳税申报表的填写方法，学生以4～6人为一个小组进行讨论。让学生在执行的过程中，熟悉企业所得税网上申报流程，并根据相关信息完成公司2016年度企业所得税纳税申报与缴纳。各小组进行展示汇报，加强学生团结合作意识，教师进行总结点评。最后环节是师生共同将本节课的知识点进行归纳，尤其是企业所得税纳税申报表填写的注意事项，此项由学生通过实践后再总结出，以加深学生印象。

（五）教学过程

阶段	项目教学过程		学生学的活动	教师教的活动
1	项目引入	项目描述	1. 接受任务，形成小组 2. 理解学习目标，完成亿佳日用品公司2016年度企业所得税的纳税申报	1. 展示亿佳日用品公司2016年度的经济业务内容与利润表 2. 根据企业所得税应纳税额的计算结果，完成亿佳日用品公司2016年度企业所得税的纳税申报，做到准确无误
		知识准备	1. 能熟知企业所得税纳税申报表填写方法 2. 能记住企业所得税应纳税额的纳税申报流程	解释性讲解企业所得税纳税申报表的填写方法和企业所得税申报流程
		任务定位	1. 查询企业所得税的纳税申报流程 2. 梳理相关概念 3. 完成亿佳日用品公司2016年度企业所得税的纳税申报	1. 发放"项目四模块二：企业所得税的纳税申报"任务操作单、学生工作页 2. 示范企业所得税的纳税申报流程 3. 在学生完成任务过程中，指出学生出现的错误；在学生进行咨询时，给予指导和帮助 4. 归纳性讲解学生在进行企业所得税纳税申报过程中存在的共性问题 5. 确认所有学生明确任务并进入了工作者角色

阶段	项目教学过程	学生学的活动	教师教的活动
2	项目实施	确定纳税申报流程	1. 小组查看亿佳日用品公司2016年度的经济业务内容与利润表 2. 小组确定亿佳日用品公司企业所得税的纳税申报流程	描述性讲解企业所得税纳税申报流程
		填写纳税申报表	1. 观察与理解纳税申报表的填写方法 2. 按照亿佳日用品公司2016年度的经济业务内容和利润表，填写纳税申报表 3. 在实施任务的基础上，理解企业所得税纳税申报表中各项目之间的关系	1. 展示企业所得税纳税申报表填写的范例 2. 描述性讲解企业所得税纳税申报表的填写方法 3. 逐一指导学生完成任务，纠正存在的错误 4. 归纳性讲解企业所得税纳税申报表的各项目之间的关系
		完成纳税申报	1. 登录网上纳税申报系统完成网上纳税申报 2. 在完成任务过程中，领悟团队协作意识、依法纳税意识	1. 引导学生完成亿佳公司2016年度企业所得税网上纳税申报 2. 对学生遇到的问题逐一进行解答 3. 对存在的问题进行讲解，并对小组完成情况形成评价 4. 在任务完成基础上，规定性讲解要求学生发展的团队合作意识、依法纳税意识等职业素养；通过对任务完成过程的观察，判断学生职业素养的发展状态
3	项目总结	项目展示与总体评价	1. 小组完成亿佳日用品公司2016年度企业所得税的纳税申报 2. 评价其他小组的优点与不足，提高对企业所得税纳税申报流程的理解	1. 组织学生展示各组的纳税申报流程 2. 组织学生对最终成果进行互评，通过发现他人的问题，提高学生对企业所得税纳税申报流程的理解

阶段	项目教学过程		学生学的活动	教师教的活动
3	项目总结	项目学习小结	积极归纳企业所得税的纳税申报流程	引导学生自我归纳企业所得税的纳税申报流程

（六）技能评价

序号	技能	评判结果	
		是	否
1	能准确填写企业所得税纳税申报表		
2	能完成企业所得税网上纳税申报		

二、任务操作单

任务操作单

工作任务： 企业所得税年度纳税申报表的填制

注意事项： 企业在纳税年度内无论盈利还是亏损，都应当按照《企业所得税法》规定的期限向税务机关报送企业所得税年度纳税申报表。

	编制项目	编制方法	编制标准	备注
1	营业收入	填报纳税人主要经营业务和其他经营业务取得的收入总额	填写准确无误	P-E
2	营业成本	填报纳税人主要经营业务和其他经营业务发生的成本总额	填写准确无误	P-E
3	税金及附加	填报纳税人经营活动中发生的消费税、城市维护建设税、资源税、土地增值税和教育费附加等相关税费	填写准确无误	P-E
4	资产减值损失	填报纳税人计提各项资产准备发生的减值损失	填写准确无误	P-M
5	投资收益	填报纳税人以各种方式对外投资所取得的收益或发生的损失，损失以"—"号填列	填写准确无误	P-M

三、学生工作页

学生工作页

任务名称：企业所得税纳税申报

一、工作目标（完成工作最终要达到的成果的形式）

根据亿佳日用品公司2016年的经济业务内容和利润表，利用企业所得税应纳税额的计算结果，完成亿佳日用品公司2016年企业所得税的纳税申报。

二、工作实施（过程步骤、技术参数、要领等）

（一）讲解企业所得税的纳税申报流程

填写纳税申报表 ⟶ 完成纳税申报

（二）由学生自行总结企业所得税的纳税地点和纳税期限

1. 企业所得税的纳税地点

_____

_____

_____

2. 企业所得税的纳税期限

_____

_____

_____

（三）根据任务操作单填写纳税申报表

《企业所得税年度纳税申报表》（主表）适用于实行查账征收方式的企业所得税纳税人。其中，正常经营的一般纳税人，在年度终了后四个月内，向主管税务机关报送《企业所得税年度纳税申报表》，办理当期所得税汇算清缴；纳税人在年度中间发生解散、破产、撤销情形的，应在清算前向主管税务机关报送《企业所得税年度纳税申报表》，办理当期所得税汇算清缴；有其他情形依法终止纳税义务的纳税人，应当在停止生产、经营之日起60日内，向主管税务机关报送《企业所得税年度纳税申报表》，办理当期所得税汇算清缴。

表4-2 中华人民共和国企业所得税年度纳税申报表（A类）

行次	类别	项目	金额
1	利润总额计算	一、营业收入（填写A101010\101020\103000）	
2		减：营业成本（填写A102010\102020\103000）	

行次	类别	项目	金额
3	利润总额计算	税金及附加	
4		销售费用（填写A104000）	
5		管理费用（填写A104000）	
6		财务费用（填写A10400）	
7		资产减值损失	
8		加：公允价值变动收益	
9		投资收益	
10		二、营业利润（1-2-3-4-5-6-7+8+9）	
11		加：营业外收入（填写A101010\101020\103000）	
12		减：营业外支出（填写A102010\102020\103000）	
13		三、利润总额（10+11-12）	
14	应纳税所得额计算	减：境外所得（填写A108010）	
15		加：纳税调整增加额（填写A105000）	
16		减：纳税调整减少额（填写A105000）	
17		减：免税、减计收入及加计扣除（填写A107010）	
18		加：境外应税所得抵减境内亏损（填写A107010）	
19		四、纳税调整后所得（13-14+15-16-17+18）	
20		减：所得减免（填写A107020）	
21		减：抵扣应纳税所得额（填写A107030）	
22		减：弥补以前年度亏损（填写A106000）	
23		五、应纳税所得额（19-20-21-22）	
24	应纳税额计算	税率（25%）	
25		六、应纳所得税额（23×24）	
26		减：减免所得税额（填写A107040）	
27		减：抵免所得税额（填写A107050）	
28		七、应纳税额（25-26-27）	

续 表

行次	类别	项目	金额
29	应纳税额计算	加：境外所得应纳所得税额（填写A108000）	
30		减：境外所得抵免所得税额（填写A108000）	
31		八、实际应纳所得税额（28+29-30）	
32		减：本年累计实际已预缴的所得税额	
33		九、本年应补（退）所得税额（31-32）	
34		其中：总机构分摊本年应补（退）所得税额（填写A109000）	
35		财政集中分配本年应补（退）所得税额（填写A109000）	
36		总机构主体生产经营部门分摊本年应补（退）所得税额（填写A109000）	
37	附列资料	以前年度多缴的所得税额在本年抵减额	
38		以前年度应缴未缴在本年入库所得税额	

（四）进入网络纳税申报系统完成纳税申报

三、工作反思（检验评价、总结拓展等）

1. 某企业于2013年3月7日开始正式经营，该企业第一年的纳税年度时间为（　　　）。

　　A. 2013年3月1日至2013年12月31日　　　　B. 2013年3月7日至2013年12月31日

　　C. 2013年3月7日至2014年3月6日　　　　　D. 2013年3月1日至2013年2月28日

2. 除国家另有规定外，企业所得税由纳税人在（　　　）缴纳。

　　A. 注册地主管税务机关　　　　　　　　　B. 任意县级以上税务机关

　　C. 国家税务机关　　　　　　　　　　　　D. 所在地主管税务机关

项目五　个人所得税的计算与纳税申报

• 项目描述 •

　　根据项目各模块所列案例中的个人收入所得情况，利用个人所得税应纳税额的计算公式，完成各案例中个人所得税的计算与纳税申报。

模块一　综合所得项目个人所得税计算

一、教学设计

（一）模块描述

　　根据居民个人李某2019年度的综合所得项目的所得情况，利用综合所得项目个人所得税应纳税额的计算公式，完成李某2019年度个人所得税的计算。

案例：

表5-1　李某2019年度收入明细表

征税项目	金额（元）
工资、薪金所得	80 000
劳务报酬所得	10 000
稿酬所得	4 000
特许权使用费所得	80 000

（二）教学目标

◎ 能判断综合所得项目个人所得税的征税范围及税率。

◎ 能完成综合所得项目个人所得税应纳税额的计算。

◎ 能熟知国家综合所得项目个人所得税税收优惠政策。

（三）教学资源

◎ 多媒体PPT课件　实物投影仪　任务操作单　学生工作页

◎ 李某2019年度收入明细表

◎ 学生自带工具：财会专用笔　计算器

（四）教学组织

　　本模块的教学关键是技能的训练，基于李某2019年度收入所得情况，以及对综合所得项目个人所得税应纳税额计算公式的理解，逐步展开任务，由学生独立完成李某2019年度综合所得项目个人所得税应纳税额的计算。由教师先行讲解综合所得项目个人所得税的计算方法，学生以4~6人为一个小组进行讨论，让学生在执行的过程中，熟悉各征税项目个人所得税应纳税额的计算方法，并根据相关信息完成李某2019年度综合所得项目个人所得税应纳税额的计算。各小组进行展示汇报，加强学生团结合作意识，教师进行总结点评。最后环节是师生共同将本节课的知识点进行归纳，尤其是各征税项目个人所得税应纳税额的计算方法，此项由学生通过实践后再总结出，以加深学生印象。

（五）教学过程

阶段	项目教学过程	学生学的活动	教师教的活动
1 项目引入	项目描述	1. 接受任务，形成小组 2. 理解学习目标，完成李某2019年度综合所得项目个人所得税应纳税额的计算	1. 展示李某2019年度收入所得情况 2. 根据综合所得项目个人所得税各征税项目的计算方法，完成李某2019年度综合所得项目个人所得税应纳税额的计算，做到准确无误
	知识准备	1. 能熟知综合所得项目个人所得税的纳税范围和税率 2. 能记住综合所得项目个人所得税应纳税额的计算方法	解释性讲解综合所得项目个人所得税的纳税范围、税率和计算公式
	任务定位	1. 查询综合所得项目个人所得税的征税范围和税率 2. 梳理相关概念 3. 完成李某2019年度综合所得项目个人所得税的计算	1. 发放"项目五模块一：综合所得项目个人所得税计算"任务操作单、学生工作页 2. 示范综合所得项目个人所得税的计算 3. 在学生完成任务过程中，指出学生出现的错误；在学生进行咨询时，给予指导和帮助

阶段	项目教学过程		学生学的活动	教师教的活动
1	项目引入	任务定位		4. 归纳性讲解学生在进行综合所得项目个人所得税的计算过程中存在的共性问题 5. 确认所有学生明确任务并进入了工作者角色
2	项目实施	确定计税方法	1. 小组查看李某2019年度收入明细表 2. 小组确定李某综合所得项目个人所得税的计算步骤	描述性讲解综合所得项目个人所得税应纳税额计算方法
		确定计税依据	1. 观察与理解综合所得项目个人所得税的应纳税所得额，确定计税依据 2. 按照李某2019年度收入所得情况，确定应纳税所得额 3. 在实施任务的基础上理解各征税项目应纳税所得额的计算方法	1. 展示确定综合所得项目个人所得税计税依据的范例 2. 逐一指导学生完成任务，纠正存在的错误 3. 归纳性讲解应纳税所得额的计算公式
		计算应纳税额	1. 确定综合所得项目个人所得税税率 2. 小组提出疑问 3. 计算李某2019年度综合所得项目个人所得税的应纳税额	1. 具有代表性的小组阐述综合所得项目个人所得税的计算方法 2. 对学生遇到的问题逐一进行解答 3. 对存在的问题进行讲解，并对小组完成情况形成评价 4. 在任务完成基础上，规定性讲解要求学生发展的团队合作意识、依法纳税意识等职业素养；通过对任务完成过程的观察，判断学生职业素养的发展状态

续表

阶段	项目教学过程		学生学的活动	教师教的活动
3	项目总结	项目展示与总体评价	1. 小组完成李某2019年度综合所得项目个人所得税的计算 2. 评价其他小组的优点与不足，提高对综合所得项目个人所得税计算的理解	1. 组织学生展示各组或各人的计算过程及结果 2. 组织学生对最终计算结果进行互评，通过发现他人的问题，提高学生对综合所得项目个人所得税的计算的理解
		项目学习小结	积极归纳综合所得项目个人所得税的计算方法	引导学生自我归纳综合所得项目个人所得税的计算方法

（六）技能评价

序号	技能	评判结果	
		是	否
1	能确定综合所得项目个人所得税的计税依据		
2	能正确计算综合所得项目个人所得税的应纳税额		

二、任务操作单

任务操作单

工作任务：综合所得项目的个人所得税的计算

注意事项：综合所得包括工资、薪金所得，劳务报酬所得，稿酬所得，特许权使用费所得。居民个人取得综合所得，按纳税年度合并计算个人所得税；非居民个人取得工资、薪金所得，劳务报酬所得，稿酬所得，特许权使用费所得，按月或者按次分项计算个人所得税。纳税年度，自公历1月1日起至12月31日止。

	步骤	操作方法与说明	质量	备注
1	确定纳税人类别	1. 在中国境内有住所，或者无住所而一个纳税年度内在中国境内居住累计满183天的个人，为居民个人。居民个人从中国境内和境外取得的所得，依照法律规定缴纳个人所得税	确定纳税人类别准确无误	C-M

	步骤	操作方法与说明	质量	备注
1	确定纳税人类别	2. 在中国境内无住所又不居住，或者无住所而一个纳税年度内在中国境内居住累计不满183天的个人，为非居民个人。非居民个人从中国境内取得的所得，依照法律规定缴纳个人所得税		
2	确定应纳税所得额	1. 工资、薪金所得全额作为收入额 2. 劳务报酬所得、特许权使用费所得以收入减除百分之二十的费用后的余额为收入额 收入额=收入所得×（1−20%） 3. 稿酬所得的收入额=收入所得×（1−20%）×70% 4. 专项扣除，包括居民个人按照国家规定的范围和标准缴纳的基本养老保险、基本医疗保险、失业保险等社会保险费和住房公积金等 5. 专项附加扣除，包括子女教育、继续教育、大病医疗、住房贷款利息或者住房租金、赡养老人等支出 6. 居民个人的综合所得，以每一纳税年度的收入额减除费用六万元以及专项扣除、专项附加扣除和依法确定的其他扣除后的余额，为应纳税所得额 7. 非居民个人的工资、薪金所得，以每月收入额减除费用五千元后的余额为应纳税所得额；劳务报酬所得、稿酬所得、特许权使用费所得，以每次收入额为应纳税所得额	计算结果正确无误	C–E P–M P–M C–M C–M P–M P–M
3	确定税率和速算扣除数	查找适用的税率和速算扣除数	税率和速算扣除数查找无误	C–E
4	计算应纳税额	根据计算出的应纳税所得额及个人所得税应纳税额计算公式计算个人所得税。应纳税额=应纳税所得额×适用税率−速算扣除数	个人所得税计算结果正确无误	P–D

三、学生工作页

学生工作页

任务名称：综合所得项目个人所得税计算

一、工作目标（完成工作最终要达到的成果的形式）

根据居民个人李某2019年度综合所得的所得情况，利用综合所得项目个人所得税应纳税额的计算公式，完成李某2019年度个人所得税的计算。

二、工作实施（过程步骤、技术参数、要领等）

（一）个人所得税的纳税义务人

1. 居民个人

在中国境内有住所，或者无住所而一个纳税年度内在中国境内居住累计满183天的个人，为居民个人。居民个人从中国境内和境外取得的所得，依照法律规定缴纳个人所得税。

2. 非居民个人

在中国境内无住所又不居住，或者无住所而一个纳税年度内在中国境内居住累计不满183天的个人，为非居民个人。非居民个人从中国境内取得的所得，依照法律规定缴纳个人所得税。

纳税年度，自公历1月1日起至12月31日止。

（二）个人所得税的征税范围

自2018年10月1日起，个人所得税的征税范围包括以下9项：

1. 工资、薪金所得；

2. 劳务报酬所得；

3. 稿酬所得；

4. 特许权使用费所得；

5. 经营所得；

6. 利息、股息、红利所得；

7. 财产租赁所得；

8. 财产转让所得；

9. 偶然所得。

（三）综合所得项目个人所得税的纳税范围

居民个人取得工资、薪金所得，劳务报酬所得，稿酬所得，特许权使用费所得为综合所得，按纳税年度合并计算个人所得税。

非居民个人取得工资、薪金所得，劳务报酬所得，稿酬所得，特许权使用费所得，按月或者按次分项计算个人所得税。

（四）综合所得项目个人所得税适用税率

综合所得项目适用七级超额累进税率，税率为3%～45%。

表5-2　个人所得税税率表一

（综合所得适用）

级数	全年应纳税所得额	税率（%）
1	不超过36 000元的部分	3
2	超过36 000元至144 000元的部分	10
3	超过144 000元至300 000元的部分	20
4	超过300 000元至420 000元的部分	25
5	超过420 000元至660 000元的部分	30
6	超过660 000元至960 000元的部分	35
7	超过960 000元的部分	45

（注1：本表所称全年应纳税所得额，是指依照《中华人民共和国个人所得税法》第六条的规定，居民个人取得综合所得以每一纳税年度收入额减除费用六万元以及专项扣除、专项附加扣除和依法确定的其他扣除后的余额。

注2：非居民个人取得工资、薪金所得，劳务报酬所得，稿酬所得和特许权使用费所得，依照本表按月换算后计算应纳税额。）

表5-3　个人所得税税率表二

（按月换算速算扣除数）

级数	全月应纳税所得额（含税级距）	税率（%）	速算扣除数
1	不超过3 000元的部分	3	0
2	超过3 000元至12 000元的部分	10	210
3	超过12 000元至25 000元的部分	20	1 410
4	超过25 000元至35 000元的部分	25	2 660
5	超过35 000元至55 000元的部分	30	4 410
6	超过55 000元至80 000元的部分	35	7 160
7	超过80 000元的部分	45	15 160

（五）综合项目个人所得税的应纳税额

1. 工资、薪金所得全额作为收入额。

2. 劳务报酬所得、特许权使用费所得以收入减除百分之二十的费用后的余额为收入额。收入额=收入所得×（1−20%）

3. 稿酬所得的收入额=收入所得×（1−20%）×70%。

4. 专项扣除，包括居民个人按照国家规定的范围和标准缴纳的基本养老保险、基本医疗保险、失业保险等社会保险费和住房公积金等。

5. 专项附加扣除，包括子女教育、继续教育、大病医疗、住房贷款利息或者住房租金、赡养老人等支出。

6. 居民个人的综合所得，以每一纳税年度的收入额减除费用六万元以及专项扣除、专项附加扣除和依法确定的其他扣除后的余额，为应纳税所得额。

7. 非居民个人的工资、薪金所得，以每月收入额减除费用五千元后的余额为应纳税所得额；劳务报酬所得、稿酬所得、特许权使用费所得，以每次收入额为应纳税所得额。

计算公式如下：

应纳税额=各级应纳税所得额×该级税率

　　　　=应纳税所得额×所达到的最高一级税率−速算扣除数

（六）完成李某2019年度个人所得税的计算

_____

_____

三、工作反思（检验评价、总结拓展等）

1. 学生做练习题。

　　假定在某外商投资企业工作的英国专家，于2019年1月取得的由该企业发放的工资收入为15 000元人民币。计算该英国专家当月应缴纳的个人所得税额。

_____

2. 师生共同评价结果。

3. 选出优胜小组并予以鼓励。

4. 总结本模块学习内容。

模块二　经营所得个人所得税计算

一、教学设计

（一）模块描述

根据个体工商户张某2019年经营所得情况，利用经营所得个人所得税应纳税额的计算公式，完成张某2019年度经营所得个人所得税的计算。

案例： 个体工商户张某，2019年全年取得的营业收入为500 000元，准许扣除的当月成本、费用及相关损失共计380 000元。计算该个体工商户2019年度应缴纳的个人所得税。

（二）教学目标

◎ 能判断经营所得个人所得税的征税范围及税率。

◎ 能完成经营所得个人所得税应纳税额的计算。

◎ 能熟知国家经营所得个人所得税税收优惠政策。

（三）教学资源

◎ 多媒体PPT课件　实物投影仪　任务操作单　学生工作页

◎ 张某2019年经营所得情况

◎ 学生自带工具：财会专用笔　计算器

（四）教学组织

本模块的教学关键是技能的训练，基于张某2019年的经营所得情况，以及对经营所得个人所得税应纳税额计算公式的理解，逐步展开任务，由学生独立完成张某2019年经营所得个人所得税应纳税额的计算。由教师先行讲解经营所得个人所得税的计算方法，学生以4～6人为一个小组进行讨论。让学生在执行的过程中，熟悉各征税项目个人所得税应纳税额的计算方法，并根据相关信息完成张某2019年经营所得个人所得税应纳税额的计算。各小组进行展示汇报，加强学生团结协作意识，教师进行总结点评。最后环节是师生共同将本节课的知识点进行归纳，尤其是各征税项目个人所得税应纳税额的计算方法，此项由学生通过实践后再总结出，以加深学生印象。

（五）教学过程

阶段	项目教学过程		学生学的活动	教师教的活动
1	项目引入	项目描述	1.接受任务，形成小组	1.展示张某2019年经营所得情况

续 表

阶段	项目教学过程		学生学的活动	教师教的活动
1	项目引入	项目描述	2. 理解学习目标，完成张某2019年经营所得个人所得税应纳税额的计算	2. 根据经营所得个人所得税各征税项目的计算方法，完成张某2019年经营所得个人所得税应纳税额的计算，做到准确无误
		知识准备	1. 能熟知经营所得个人所得税的纳税范围和税率 2. 能记住经营所得个人所得税应纳税额的计算方法	解释性讲解经营所得个人所得税的纳税范围、税率和计算公式
		任务定位	1. 查询经营所得个人所得税的征税范围和税率 2. 梳理相关概念 3. 完成张某2019年经营所得个人所得税的计算	1. 发放"项目五模块二：经营所得个人所得税计算"任务操作单、学生工作页 2. 示范经营所得个人所得税的计算 3. 在学生完成任务过程中，指出学生出现的错误；在学生进行咨询时，给予指导和帮助 4. 归纳性讲解学生在进行经营所得个人所得税的计算过程中存在的共性问题 5. 确认所有学生明确任务并进入了工作者角色
2	项目实施	确定计税方法	1. 小组查看张某2019年经营所得收入情况 2. 小组确定张某经营所得个人所得税的计算步骤	描述性讲解经营所得个人所得税应纳税额计算方法
		确定计税依据	1. 理解经营所得个人所得税的应纳税所得额，确定计税依据 2. 按照张某2019年收入所得情况，确定应纳税所得额	1. 展示确定经营所得个人所得税计税依据的范例 2. 逐一指导学生完成任务，纠正存在的错误

续表

阶段	项目教学过程		学生学的活动	教师教的活动
2	项目实施	确定计税依据	3. 在实施任务的基础上，理解各征税项目应纳税所得额的计算方法	3. 归纳性讲解应纳税所得额的计算公式
		计算应纳税额	1. 确定经营所得个人所得税税率 2. 小组提出疑问 3. 计算张某2019年经营所得个人所得税应纳税额	1. 组织具有代表性的小组阐述经营所得个人所得税的计算方法 2. 对学生遇到的问题逐一进行解答 3. 对存在的问题进行讲解，并对小组完成情况形成评价 4. 在任务完成基础上，规定性讲解要求学生发展的团队合作意识、依法纳税意识等职业素养，通过对任务完成过程的观察，判断学生职业素养的发展状态
3	项目总结	项目展示与总体评价	1. 小组完成张某2019年经营所得个人所得税的计算 2. 评价其他小组的优点与不足，提高对经营所得个人所得税的计算的理解	1. 组织学生展示各组或各人的经营所得个人所得税的计算结果 2. 组织学生对最终结果进行互评，通过发现他人的问题，提高学生对经营所得个人所得税的计算的理解
		项目学习小结	积极归纳经营所得个人所得税的计算方法	引导学生自我归纳经营所得个人所得税的计算方法

（六）技能评价

序号	技能	评判结果	
		是	否
1	能确定经营所得个人所得税的计税依据		
2	能正确计算经营所得个人所得税的应纳税额		

二、任务操作单

任务操作单

工作任务： 经营所得的个人所得税的计算

注意事项： 经营所得是按照一个纳税年度来计算的。

	步骤	操作方法与说明	质量	备注
1	确定应纳税所得额	1. 收入总额为一个纳税年度的收入总额 2. 成本、费用是指纳税人从事生产、经营活动所发生的各项直接支出和分配计入成本的间接费用以及销售费用、管理费用、财务费用 3. 损失是指纳税人在生产、经营过程中发生的各项营业外支出 4. 根据收入总额、成本、费用、损失来计算应纳税所得额。应纳税所得额=收入总额−（成本+费用+损失）	计算结果正确无误	C−M C−M C−M P−D
2	确定税率和速算扣除数	查找适用的税率和速算扣除数	税率和速算扣除数查找无误	C−E
3	计算应纳税额	根据计算出的应纳税所得额及个人所得税应纳税额计算公式计算个人所得税。应纳税额=应纳税所得额×适用税率−速算扣除数	个人所得税计算结果正确无误	P−D

三、学生工作页

学生工作页

任务名称： 经营所得个人所得税计算

一、工作目标（完成工作最终要达到的成果的形式）

根据个体工商户张某2019年经营所得情况，利用经营所得个人所得税应纳税额的计算公式，完成张某2019年度个人所得税的计算。

案例： 个体工商户张某，2019年全年取得的营业收入为500 000元，准许扣除的当月成本、费用及相关损失共计380 000元。计算该个体工商户2019年度应缴纳的个人所得税。

二、工作实施（过程步骤、技术参数、要领等）

（一）经营所得的个人所得税计算公式

应纳税所得额=收入总额-（成本+费用+损失）

应纳税额=应纳税所得额×使用税率-速算扣除数

表5-4　个人所得税税率表三

（经营所得适用）

级数	全年应纳税所得额	税率	速算扣除数
1	不超过30 000元的部分	5	0
2	超过30 000元至90 000元的部分	10	1 500
3	超过90 000元至300 000元的部分	20	10 500
4	超过300 000元至500 000元的部分	30	40 500
5	超过500 000元的部分	35	65 500

（二）以小组为单位讨论完成下列例题

［例5-1］某个体工商户，2019年全年取得的营业收入为320 000元，准许扣除的当月成本、费用及相关损失共计为250 600元。计算该个体工商户2019年度应缴纳的个人所得税。

（三）完成张某2019年度个人所得税的计算

_____

三、工作反思（检验评价、总结拓展等）

1.学生做练习题。

　　某个体工商户，2019年全年取得的营业收入为600 000元，准许扣除的当月成本、费用及相关损失共计为400 000元。计算该个体工商户2019年度应缴纳的个人所得税。_____

2.代表小组展示练习题的计算过程。

3.师生共同评价结果。

4.选出优胜小组并予以鼓励。

5.总结本模块学习内容，学生代表谈体会。

模块三　财产转让所得个人所得税计算

一、教学设计

（一）模块描述

根据李某2019年转让房产所得情况，利用财产转让所得个人所得税应纳税额的计算公式，完成李某2019年财产转让所得个人所得税的计算。

案例： 李某2019年转让房子一套，取得收入1 000 000元；五年前购入时，该房子的原值是600 000元，支付其他费用50 000元。计算李某应缴纳的个人所得税税额。

（二）教学目标

◎ 能判断财产转让所得个人所得税的征税范围及税率。

◎ 能完成财产转让所得个人所得税应纳税额的计算。

◎ 能熟知国家财产转让所得个人所得税税收优惠政策。

（三）教学资源

◎ 多媒体PPT课件　　实物投影仪　任务操作单　学生工作页

◎ 李某2019年财产转让所得情况

◎ 学生自带工具：财会专用笔　计算器

（四）教学组织

本模块的教学关键是技能的训练，基于李某2019年转让房产所得情况，以及对财产转让所得个人所得税应纳税额计算公式的理解，逐步展开任务，由学生独立完成李某2019年财产转让所得个人所得税应纳税额的计算。由教师先行讲解财产转让所得个人所得税的计算方法，学生以4～6人为一个小组进行讨论。让学生在执行的过程中，熟悉各征税项目个人所得税应纳税额的计算方法，并根据相关信息完成李某2019年财产转让所得个人所得税应纳税额的计算。各小组进行展示汇报，加强学生团结协作意识，教师进行总结点评。最后环节是师生共同将本节课的知识点进行归纳，尤其是财产转让所得个人所得税的计算方法，此项由学生通过实践后再总结出，以加深学生印象。

（五）教学过程

阶段	项目教学过程		学生学的活动	教师教的活动
1	项目引入	项目描述	1. 接受任务，形成小组 2. 理解学习目标，完成李某2019年财产转让所得个人所得税应纳税额的计算	1. 展示李某2019年的财产转让所得情况 2. 根据财产转让所得个人所得税各征税项目的计算方法，完成李某2019年财产转让所得个人所得税应纳税额的计算，做到准确无误
		知识准备	1. 能熟知财产转让所得个人所得税的纳税范围和税率 2. 能记住财产转让所得个人所得税应纳税额的计算方法	解释性讲解财产转让所得个人所得税的纳税范围、税率和计算公式
		任务定位	1. 查询财产转让所得个人所得税的征税范围和税率 2. 梳理相关概念 3. 完成李某2019年份财产转让所得个人所得税的计算	1. 发放"项目五模块三：财产转让所得个人所得税计算"任务操作单、学生工作页 2. 示范财产转让所得个人所得税的计算 3. 在学生完成任务过程中，指出学生出现的错误；在学生进行咨询时，给予指导和帮助 4. 归纳性讲解学生在进行财产转让所得个人所得税的计算过程中存在的共性问题 5. 确认所有学生明确任务并进入了工作者角色
2	项目实施	确定计税方法	1. 小组查看李某2019年财产转让所得情况 2. 小组确定财产转让所得个人所得税的计算步骤	描述性讲解财产转让所得个人所得税应纳税额计算方法
		确定计税依据	1. 理解财产转让所得个人所得税的应纳税所得额，确定计税依据	1. 展示确定财产转让所得个人所得税计税依据的范例

阶段	项目教学过程		学生学的活动	教师教的活动
2	项目实施	确定计税依据	2. 按照李某2019年财产转让所得情况，确定应纳税所得额 3. 在实施任务的基础上，理解各征税项目应纳税所得额的计算方法	2. 逐一指导学生完成任务，纠正存在的错误 3. 归纳性讲解应纳税所得额的计算公式
		计算应纳税额	1. 确定财产转让所得个人所得税税率 2. 小组提出疑问 3. 计算李某2019年财产转让所得个人所得税应纳税额	1. 组织具有代表性的小组阐述财产转让所得个人所得税的计算方法 2. 对学生遇到的问题逐一进行解答 3. 对存在的问题进行讲解，并对小组完成情况形成评价 4. 在任务完成基础上，规定性讲解要求学生发展的团队合作意识、依法纳税意识等职业素养；通过对任务完成过程的观察，判断学生职业素养的发展状态
3	项目总结	项目展示与总体评价	1. 小组完成李某2019年财产转让所得个人所得税的计算 2. 评价其他小组的优点与不足，提高对财产转让所得个人所得税的计算方法的理解	1. 组织学生展示各组或各人的最终计算结果 2. 组织学生对最终结果进行互评，通过发现他人的问题，提高学生对财产转让所得个人所得税的计算方法的理解
		项目学习小结	积极归纳财产转让所得个人所得税的计算方法	引导学生自我归纳财产转让所得个人所得税的计算方法

（六）技能评价

序号	技能	评判结果	
		是	否
1	能判断财产转让所得个人所得税的征税范围和对应税率		
2	能完成财产转让所得个人所得税应纳税额的计算		

二、任务操作单

任务操作单

工作任务： 财产转让所得的个人所得税的计算

注意事项： 财产转让所得是按照次数来计算的。

	步骤	操作方法与说明	质量	备注
1	确定应纳税所得额	1. 收入总额为财产转让的收入总额 2. 财产原值是指：（1）有价证券，为买入价以及买入时按照规定交纳的有关费用；（2）建筑物，为建造费或者购进价格以及其他有关费用；（3）土地使用权，为取得土地使用权所支付的金额、开发土地的费用以及其他有关费用；（4）机器设备、车船，为购进价格、运输费、安装费以及其他有关费用 3. 合理费用是指卖出财产时按照规定支付的有关费用 4. 根据收入总额、财产原值、合理费用来计算应纳税所得额，应纳税所得额=收入总额-财产原值-合理费用	计算结果正确无误	C-M C-M C-M P-D
2	确定税率和速算扣除数	查找适用的税率	税率查找无误	C-E
3	计算应纳税额	根据计算出的应纳税所得额及个人所得税应纳税额计算公式，计算个人所得税。应纳税额=应纳税所得额×适用税率	个人所得税计算结果正确无误	P-D

三、学生工作页

学生工作页

任务名称： 财产转让所得个人所得税计算

一、工作目标（完成工作最终要达到的成果的形式）

　　根据李某2019年转让房产所得情况，利用财产转让所得个人所得税应纳税额的计算公式，完成李某2019年财产转让所得个人所得税的计算。

案例：李某2019年转让房子一套，取得收入1 000 000元；五年前购入时，该房子的原值是600 000元，支付其他费用50 000元。计算李某应缴纳的个人所得税税额。

二、工作实施（过程步骤、技术参数、要领等）

（一）讲解财产转让所得应纳税额计算方法

财产转让所得以转让财产的收入额减去财产原值和合理费用后的余额为应纳税所得额。

财产原值是指：

（1）有价证券＿＿＿＿＿＿＿＿＿＿＿＿＿＿＿＿＿＿＿＿＿＿＿＿

（2）建筑物＿＿＿＿＿＿＿＿＿＿＿＿＿＿＿＿＿＿＿＿＿＿＿＿＿

（3）土地使用权＿＿＿＿＿＿＿＿＿＿＿＿＿＿＿＿＿＿＿＿＿＿

（4）机器设备、车船＿＿＿＿＿＿＿＿＿＿＿＿＿＿＿＿＿＿＿

计算公式如下：

应纳税所得额＝收入总额－财产原值－合理费用

应纳税额＝应纳税所得额×适用税率（20%）

（二）以小组为单位讨论完成下列例题

[例5-2] 某人建房一幢，造价360 000元，支付其他费用50 000元。该个人建成后将房屋出售，售价600 000元，在售房过程中按规定支付交易费等相关税费34 000元。计算该个人应缴纳的个人所得税税额。

＿＿＿＿＿＿＿＿＿＿＿＿＿＿＿＿＿＿＿＿＿＿＿＿＿＿＿＿＿＿＿

（三）师生共同指出做题过程中出现的问题并总结

＿＿＿＿＿＿＿＿＿＿＿＿＿＿＿＿＿＿＿＿＿＿＿＿＿＿＿＿＿＿＿

三、工作反思（检验评价、总结拓展等）

1.学生做练习题。

李某转让机器设备一套，取得收入150 000元；一年前购入时，该机器设备的原值是100 000元，支付其他费用4 000元。计算李某需要缴纳的个人所得税。

＿＿＿＿＿＿＿＿＿＿＿＿＿＿＿＿＿＿＿＿＿＿＿＿＿＿＿＿＿＿＿

2.代表小组展示练习题的计算过程。

3.师生共同评价结果。

4.选出优胜小组并予以鼓励。

5.总结本模块学习内容，学生代表谈体会。

模块四　财产租赁所得个人所得税计算

一、教学设计

（一）模块描述

根据王某2019年出租房屋所得情况，利用财产租赁所得个人所得税应纳税额的计算公式，完成王某2019年财产租赁所得个人所得税的计算。

案例：王某2019年出租房屋一套，每月收取租金7 000元，计算王某2019年财产租赁所得项目应缴纳的个人所得税。

（二）教学目标

◎ 能判断财产租赁所得个人所得税的征税范围及税率。

◎ 能完成财产租赁所得个人所得税应纳税额的计算。

◎ 能熟知国家财产租赁所得个人所得税税收优惠政策。

（三）教学资源

◎ 多媒体PPT课件　实物投影仪　任务操作单　学生工作页

◎ 王某2019年出租房屋所得情况

◎ 学生自带工具：财会专用笔　计算器

（四）教学组织

本模块的教学关键是技能的训练，基于王某2019年出租房屋所得情况，以及对财产租赁所得个人所得税应纳税额计算公式的理解，逐步展开任务，由学生独立完成王某2019年财产租赁所得个人所得税应纳税额的计算。由教师先行讲解财产租赁所得个人所得税的计算方法，学生以4~6人为一个小组进行讨论。让学生在执行的过程中，熟悉各征税项目个人所得税应纳税额的计算方法，并根据相关信息完成王某2019年财产租赁所得个人所得税应纳税额的计算。各小组进行展示汇报，加强学生团结协作意识，教师进行总结点评。最后环节是师生共同将本节课的知识点进行归纳，尤其是各征税项目个人所得税应纳税额的计算方法，此项由学生通过实践后再总结出，以加深学生印象。

（五）教学过程

阶段	项目教学过程		学生学的活动	教师教的活动
1	项目引入	项目描述	1. 接受任务，形成小组 2. 理解学习目标，完成王	1. 展示王某2019年出租所得情况 2. 根据财产租赁所得个人所得税

续　表

阶段	项目教学过程		学生学的活动	教师教的活动
1	项目引入	项目描述	某2019年财产租赁所得个人所得税应纳税额的计算	各征税项目的计算方法，完成王某2019年财产租赁所得个人所得税应纳税额的计算，做到准确无误
		知识准备	1. 能熟知财产租赁所得个人所得税的纳税范围和税率 2. 能记住财产租赁所得个人所得税应纳税额的计算方法	解释性讲解财产租赁所得个人所得税的纳税范围、税率和计算公式
		任务定位	1. 查询财产租赁所得个人所得税的征税范围和税率 2. 梳理相关概念 3. 完成王某2019年财产租赁所得个人所得税的计算	1. 发放"项目五模块四：财产租赁所得个人所得税计算"任务操作单、学生工作页 2. 示范财产租赁所得个人所得税的计算 3. 在学生完成任务过程中，指出学生出现的错误；在学生进行咨询时，给予指导和帮助 4. 归纳性讲解学生在进行财产租赁所得个人所得税的计算过程中存在的共性问题 5. 确认所有学生明确任务并进入了工作者角色
2	项目实施	确定计税方法	1. 小组查看王某2019年财产租赁所得情况 2. 小组确定财产租赁所得个人所得税的计算步骤	描述性讲解财产租赁所得个人所得税应纳税额的计算方法
		确定计税依据	1. 观察与理解财产租赁所得个人所得税的应纳税所得额，确定计税依据 2. 按照王某2019年财产租赁所得情况，确定应纳税所得额	1. 展示确定财产租赁所得个人所得税计税依据的范例 2. 逐一指导学生完成任务，纠正存在的错误 3. 归纳性讲解财产租赁所得个人所得税应纳税所得额的计算公式

阶段	项目教学过程		学生学的活动	教师教的活动
2	项目实施	确定计税依据	3. 在实施任务的基础上,理解各征税项目应纳税所得额的计算方法	
		计算应纳税额	1. 确定财产租赁所得个人所得税税率 2. 小组提出疑问 3. 计算王某2019年财产租赁所得个人所得税应纳税额	1. 组织具有代表性的小组阐述财产租赁所得个人所得税的计算方法 2. 对学生遇到的问题逐一进行解答 3. 对存在的问题进行讲解,并对小组完成情况形成评价 4. 在任务完成基础上,规定性讲解要求学生发展的团队合作意识、依法纳税意识等职业素养;通过对任务完成过程的观察,判断学生职业素养的发展状态
3	项目总结	项目展示与总体评价	1. 小组完成王某2019年财产租赁所得个人所得税的计算 2. 评价其他小组的优点与不足,提高对财产租赁所得个人所得税的计算的理解	1. 组织学生展示各组或各人的最终结果 2. 组织学生对最终结果进行互评,通过发现他人的问题,提高学生对财产租赁所得个人所得税的计算的理解
		项目学习小结	积极归纳财产租赁所得个人所得税的计算方法	引导学生自我归纳财产租赁所得个人所得税的计算方法

(六)技能评价

序号	技能	评判结果	
		是	否
1	能确定财产租赁所得个人所得税的计税依据		
2	能正确计算财产租赁所得个人所得税的应纳税额		

二、任务操作单

任务操作单

工作任务：财产租赁所得个人所得税的计算

注意事项：财产租赁所得，以1个月内取得的收入为一次。

步骤		操作方法与说明	质量	备注
1	确定应纳税所得额	1. 每次收入额为1个月内财产租赁所得的收入 2. 财产租赁所得每次不超过4 000元，扣除标准为800元；4 000元以上的，减除20%的费用，其余额为应纳税所得额 3. 根据每次收入额、扣除标准来计算应纳税所得额，应纳税所得额=每次收入额-800，或者应纳税所得额=每次收入额×（1-20%）	计算结果正确无误	C-M C-M P-D
2	确定税率和速算扣除数	查找适用的税率	税率查找无误	C-E
3	计算应纳税额	根据计算出的应纳税所得额及个人所得税应纳税额计算公式，计算个人所得税。应纳税额=应纳税所得额×适用税率	个人所得税计算结果正确无误	P-D

三、学生工作页

学生工作页

任务名称：财产租赁所得个人所得税计算

一、工作目标（完成工作最终要达到的成果的形式）

根据王某2019年出租房屋所得情况，利用财产租赁所得个人所得税应纳税额的计算公式，完成王某2019年财产转让所得个人所得税的计算。

案例：王某2019年出租房屋一套，每月收取租金7 000元，计算王某2019年应缴纳的财产租赁所得个人所得税。

二、工作实施（过程步骤、技术参数、要领等）

（一）讲解财产租赁所得应纳税额的计算方法

每次收入不足4 000元的，用收入减去800元的费用；每次收入超过4 000元的，用收入减去收入额的20%，税率为20%。

应纳税所得额=每次收入额－800

或应纳税所得额=每次收入额×（1－20%）

应纳税额=应纳税所得额×适用税率

注意事项：财产租赁所得，以1个月内取得的收入为一次。

（二）以小组为单位讨论完成下列例题

［例5-3］刘某2019年出租自家公寓一套，每月收取租金收入4 500元，全年租金收入54 000元。计算刘某全年租金收入应缴纳的个人所得税（不考虑其他税费）。

_____

（三）师生共同指出做题过程中出现的问题并总结

_____

三、工作反思（检验评价、总结拓展等）

1.学生做练习题。

张某2019年出租房屋一套，每月收取租金3 000元，计算张某2019年应缴纳的财产租赁所得个人所得税。_____

2.代表小组展示练习题的计算过程。

3.师生共同评价结果。

4.选出优胜小组并予以鼓励。

5.总结课程内容，学生代表谈体会。

模块五　利息、股息、红利所得个人所得税计算

一、教学设计

（一）模块描述

根据赵某2019年获得红利情况，利用利息、股息、红利所得个人所得税应纳税额的计算公式，完成赵某2019年红利所得个人所得税的计算。

案例： 赵某2019年从自己单位获得红利所得100 000元，计算赵某2019年应缴纳的

红利所得个人所得税。

（二）教学目标

◎ 能判断利息、股息、红利所得个人所得税的征税范围及税率。

◎ 能完成利息、股息、红利所得个人所得税应纳税额的计算。

◎ 能熟知国家利息、股息、红利所得个人所得税税收优惠政策。

（三）教学资源

◎ 多媒体PPT课件　实物投影仪　任务操作单　学生工作页

◎ 赵某2019年获得红利所得情况

◎ 学生自带工具：财会专用笔　计算器

（四）教学组织

本模块的教学关键是技能的训练，基于赵某2019年获得红利所得情况，以及对利息、股息、红利所得个人所得税应纳税额计算公式的理解，逐步展开任务，由学生独立完成赵某2019年利息、股息、红利所得个人所得税应纳税额的计算。由教师先行讲解利息、股息、红利所得个人所得税的计算方法，学生以4~6人为一个小组进行讨论。让学生在执行的过程中，熟悉各征税项目计算方法，并根据相关信息完成赵某2019年利息、股息、红利所得个人所得税应纳税额的计算。各小组进行展示汇报，加强学生团结协作意识，教师进行总结点评。最后环节是师生共同将本节课的知识点进行归纳，尤其是各征税项目计算方法，此项由学生通过实践后再总结出，以加深学生印象。

（五）教学过程

阶段	项目教学过程		学生学的活动	教师教的活动
1	项目引入	项目描述	1. 接受任务，形成小组 2. 理解学习目标，完成赵某2019年利息、股息、红利所得个人所得税应纳税额的计算	1. 展示赵某2019年获得红利所得情况 2. 根据利息、股息、红利所得个人所得税各征税项目的计算方法，完成赵某2019年利息、股息、红利所得个人所得税应纳税额的计算，做到准确无误
		知识准备	1. 能熟知利息、股息、红利所得个人所得税的纳税范围和税率。 2. 能记住利息、股息、红利所得个人所得税应纳税额的计算方法	解释性讲解利息、股息、红利所得个人所得税的纳税范围、税率和计算公式

阶段	项目教学过程		学生学的活动	教师教的活动
1	项目引入	任务定位	1. 查询利息、股息、红利所得个人所得税的征税范围和税率 2. 梳理相关概念 3. 完成赵某2019年利息、股息、红利所得个人所得税的计算	1. 发放"项目五模块五：利息、股息、红利所得个人所得税计算"任务操作单、学生工作页 2. 示范利息、股息、红利所得个人所得税的计算 3. 在学生完成任务过程中，指出学生出现的错误；在学生进行咨询时，给予指导和帮助 4. 归纳性讲解学生在进行利息、股息、红利所得个人所得税的计算过程中存在的共性问题 5. 确认所有学生明确任务并进入了工作者角色
2	项目实施	确定计税方法	1. 小组查看赵某2019年利息、股息、红利所得情况 2. 小组确定利息、股息、红利所得个人所得税的计算步骤	描述性讲解利息、股息、红利所得个人所得税应纳税额计算方法
		确定计税依据	1. 观察与理解利息、股息、红利所得个人所得税的应纳税所得额，确定计税依据 2. 按照赵某2019年利息、股息、红利所得情况，确定应纳税所得额 3. 在实施任务的基础上，理解各征税项目应纳税所得额的计算方法	1. 展示确定利息、股息、红利所得个人所得税计税依据的范例 2. 逐一指导学生完成任务，纠正存在的错误 3. 归纳性讲解应纳税所得额的计算公式
		计算应纳税额	1. 确定利息、股息、红利所得个人所得税税率 2. 小组提出疑问	1. 组织具有代表性的小组阐述利息、股息、红利所得个人所得税的计算方法

续表

阶段	项目教学过程		学生学的活动	教师教的活动
2	项目实施	计算应纳税额	3. 计算赵某2019年利息、股息、红利所得个人所得税应纳税额	2. 对学生遇到的问题逐一进行解答 3. 对存在的问题进行讲解，并对小组完成情况形成评价 4. 在任务完成基础上，规定性讲解要求学生发展的团队合作意识、依法纳税意识等职业素养；通过对任务完成过程的观察，判断学生职业素养的发展状态
3	项目总结	项目展示与总体评价	1. 小组完成赵某2019年利息、股息、红利所得个人所得税的计算 2. 评价其他小组的优点与不足，提高对利息、股息、红利所得个人所得税计算的理解	1. 组织学生展示各组或各人的最终结果 2. 组织学生对最终结果进行互评，通过发现他人的问题，提高学生对利息、股息、红利所得个人所得税计算的理解
		项目学习小结	积极归纳利息、股息、红利所得个人所得税的计算方法	引导学生自我归纳利息、股息、红利所得个人所得税的计算方法

（六）技能评价

序号	技能	评判结果	
		是	否
1	能确定利息、股息、红利所得个人所得税的计税依据		
2	能正确计算利息、股息、红利所得个人所得税的应纳税额		

二、任务操作单

任务操作单

工作任务：利息、股息、红利所得个人所得税的计算

注意事项：利息、股息、红利所得以每次收入额为应纳税所得额。

	步骤	操作方法与说明	质量	备注
1	确定应纳税所得额	1. 收入总额为利息、股息、红利所得的收入总额 2. 根据收入总额确认应纳税所得额	计算结果正确无误	C-M C-M
2	确定税率	查找适用的税率	税率查找无误	C-E
3	计算应纳税额	根据计算出的应纳税所得额及个人所得税应纳税额计算公式,计算个人所得税。 应纳税额=应纳税所得额×适用税率	个人所得税计算结果正确无误	P-D

三、学生工作页

学生工作页

任务名称: 利息、股息、红利所得个人所得税计算

一、工作目标(完成工作最终要达到的成果的形式)

根据赵某2019年获得红利情况,利用利息、股息、红利所得个人所得税应纳税额的计算公式,完成赵某2019年红利所得个人所得税的计算。

案例: 赵某2019年从自己单位获得红利所得100 000元,计算赵某2019年应缴纳的个人所得税。

二、工作实施(过程步骤、技术参数、要领等)

(一)讲解利息、股息、红利所得应纳税额计算方法

利息、股息、红利所得,以每次收入额为应纳税所得额,适用税率为20%。

计算公式如下:

应纳税额=应纳税所得额×适用税率=每次收入额×20%

(二)以小组为单位讨论完成下列例题

[例5-4]张某2019年从自己单位获得红利所得200 000元,计算张某2019年应缴纳的红利所得个人所得税。

(三)师生共同指出做题过程中出现的问题并总结

续表

三、工作反思（检验评价、总结拓展等）

1. 学生做练习题。

赵某2019年从自己单位获得红利所得75 000元，计算赵某2019年应缴纳的红利所得个人所得税。＿＿＿＿＿＿＿＿＿＿

2. 代表小组展示练习题的计算过程。

3. 师生共同评价结果。

4. 选出优胜小组并予以鼓励。

5. 总结本模块学习内容，学生代表谈体会。

模块六　偶然所得个人所得税计算

一、教学设计

（一）模块描述

根据朱某2019年偶然所得情况，利用偶然所得个人所得税应纳税额的计算公式，完成朱某2019年偶然所得个人所得税的计算。

案例： 朱某2019年参加某商场的有奖销售活动，抽中小汽车一辆，该汽车的市场价值为200 000元。计算朱某2019年应缴纳的偶然所得个人所得税。

（二）教学目标

◎ 能判断偶然所得个人所得税的征税范围及税率。

◎ 能完成偶然所得个人所得税应纳税额的计算。

◎ 能熟知国家偶然所得个人所得税税收优惠政策。

（三）教学资源

◎ 多媒体PPT课件　实物投影仪　任务操作单　学生工作页

◎ 朱某2019年偶然所得情况

◎ 学生自带工具：财会专用笔　计算器

（四）教学组织

本模块的教学关键是技能的训练，基于朱某2019年偶然所得情况，以及对偶然所得个人所得税应纳税额计算公式的理解，逐步展开任务，由学生独立完成朱某2019年偶然所得个人所得税应纳税额的计算。由教师先行讲解偶然所得个人所得税的计算方法，学生以4~6人为一个小组进行讨论。让学生在执行的过程中，熟悉各征税项目个人所得税应纳税额的计算方法，并根据相关信息完成朱某2019年偶然所得个人所得税应纳税额的计算。各小组进行展示汇报，加强学生团结协作意识，教师进行总结点评。最后环节是师生共同将本节课的知识点进行归纳，尤其是各征税项目个人所得税应纳税额的计算方法，此项由学生通过实践后再总结出，以加深学生印象。

（五）教学过程

阶段	项目教学过程		学生学的活动	教师教的活动
1	项目引入	项目描述	1. 接受任务，形成小组 2. 理解学习目标，完成朱某2019年偶然所得个人所得税应纳税额的计算	1. 展示朱某2019年偶然所得情况 2. 根据偶然所得个人所得税各征税项目的计算方法，完成朱某2019年偶然所得个人所得税应纳税额的计算，做到准确无误
		知识准备	1. 能熟知偶然所得个人所得税的纳税范围和税率 2. 能记住偶然所得个人所得税应纳税额的计算方法	解释性讲解偶然所得个人所得税的纳税范围、税率和计算公式
		任务定位	1. 查询偶然所得个人所得税的征税范围和税率 2. 梳理相关概念 3. 完成朱某2019年偶然所得个人所得税的计算	1. 发放"项目五模块六：偶然所得个人所得税计算"任务操作单、学生工作页 2. 示范偶然所得个人所得税的计算 3. 在学生完成任务过程中，指出学生出现的错误；在学生进行咨询时，给予指导和帮助 4. 归纳性讲解学生在进行偶然所得个人所得税的计算过程中存在的共性问题 5. 确认所有学生明确任务并进入了工作者角色
2	项目实施	确定计税方法	1. 小组查看朱某2019年偶然所得情况 2. 小组确定偶然所得个人所得税的计算步骤	描述性讲解偶然所得个人所得税应纳税额计算方法

阶段	项目教学过程		学生学的活动	教师教的活动
2	项目实施	确定计税依据	1. 理解偶然所得个人所得税的应纳税所得额，确定计税依据 2. 按照朱某2019年偶然所得情况，确定应纳税所得额 3. 在实施任务的基础上，理解各征税项目应纳税所得额的计算方法	1. 展示确定偶然所得个人所得税计税依据的范例 2. 逐一指导学生完成任务，纠正存在的错误 3. 归纳性讲解应纳税所得额的计算公式
		计算应纳税额	1. 确定偶然所得个人所得税税率 2. 小组提出疑问 3. 计算朱某2019年偶然所得个人所得税应纳税额	1. 组织具有代表性的小组阐述偶然所得个人所得税的计算方法 2. 对学生遇到的问题逐一进行解答 3. 对存在的问题进行讲解，并对小组完成情况形成评价 4. 在任务完成基础上，规定性讲解要求学生发展的团队合作意识、依法纳税意识等职业素养；通过对任务完成过程的观察，判断学生职业素养的发展状态
3	项目总结	项目展示与总体评价	1. 小组完成朱某2019年偶然所得个人所得税的计算 2. 评价其他小组的优点与不足，提高对偶然所得个人所得税计算的理解	1. 组织学生展示各组或各人的最终结果 2. 组织学生对最终结果进行互评，通过发现他人的问题，提高学生对偶然所得个人所得税的计算的理解
		项目学习小结	积极归纳偶然所得个人所得税的计算方法	引导学生自我归纳偶然所得个人所得税的计算方法

（六）技能评价

序号	技能	评判结果	
		是	否
1	能确定偶然所得个人所得税的计税依据		
2	能正确计算偶然所得个人所得税的应纳税额		

二、任务操作单

任务操作单

工作任务： 偶然所得个人所得税的计算

注意事项： 偶然所得以每次收入额为应纳税所得额。

	步骤	操作方法与说明	质量	备注
1	确定应纳税所得额	1. 收入总额为偶然所得的收入总额 2. 根据收入总额确认应纳税所得额	计算结果正确无误	C-M C-M
2	确定税率	查找适用的税率	税率查找无误	C-E
3	计算应纳税额	根据计算出的应纳税所得额及个人所得税应纳税额计算公式，计算个人所得税。应纳税额=应纳税所得额×适用税率	个人所得税计算结果正确无误	P-D

三、学生工作页

学生工作页

任务名称： 偶然所得个人所得税计算

一、工作目标（完成工作最终要达到的成果的形式）

　　根据朱某2019年偶然所得情况，利用偶然所得个人所得税应纳税额的计算公式，完成朱某2019年偶然所得个人所得税的计算。

　　案例： 朱某2019年参加某商场的有奖销售活动，抽中小汽车一辆，该汽车的市场价值为200 000元。计算朱某2019年应缴纳的偶然所得个人所得税。

二、工作实施（过程步骤、技术参数、要领等）

（一）讲解偶然所得个人所得税应纳税额计算方法

　　偶然所得，以每次收入额为应纳税所得额，适用税率为20%。

　　计算公式如下：

　　应纳税额=应纳税所得额×适用税率=每次收入额×20%

续表

（二）以小组为单位讨论完成下列例题

［例5-5］朱某2019年参加某商场的有奖销售活动，抽中电视机一台，该电视机的市场价值为5 000元。计算朱某2019年应缴纳的偶然所得个人所得税。

（三）师生共同指出做题过程中出现的问题并总结

三、工作反思（检验评价、总结拓展等）

1. 学生做练习题。

朱某2019年参加某商场的有奖销售活动，抽中小汽车一辆，该汽车的市场价值为70 000万。计算朱某2019年应缴纳的偶然所得个人所得税。

2. 代表小组展示练习题的计算过程。

3. 师生共同评价结果。

4. 选出优胜小组并予以鼓励。

5. 总结课程内容，学生代表谈体会。

模块七 个人所得税纳税申报

一、教学设计

（一）模块描述

根据李某2019年的收入所得情况，按照个人所得税纳税申报流程，完成李某2019年个人所得税的纳税申报。

（二）教学目标

◎ 能正确地填写个人所得税纳税申报表。

◎ 能完成李某个人所得税纳税申报与税款缴纳。

（三）教学资源

◎ 多媒体PPT课件 实物投影仪 任务操作单 学生工作页

◎ 李某2019年收入所得一览表

◎ 纳税申报系统

◎ 学生自带工具：财会专用笔 计算器

表5-5 个人所得税扣缴申报表

税款所属期：　年　月　日至　年　月　日

扣缴义务人名称：

扣缴义务人纳税人识别号（统一社会信用代码）：□□□□□□□□□□□□□□□□□□　　　　　金额单位：人民币元（列至角分）

序号	姓名	身份证件类型	身份证件号码	纳税人识别号	是否为非居民个人	所得项目	本月（次）情况														累计情况												税款计算						备注
							收入额计算				专项扣除				其他扣除						累计收入额	累计减除费用	累计专项扣除	累计专项附加扣除					累计其他扣除	减按计税比例	准予扣除的捐赠额	应纳税所得额	税率/预扣率	速算扣除数	应纳税额	减免税额	已缴税额	应补/退税额	
							收入	费用	免税收入	减除费用	基本养老保险费	基本医疗保险费	失业保险费	住房公积金	年金	商业健康保险	税延养老保险	财产原值	允许扣除的税费	其他				子女教育	赡养老人	住房贷款利息	住房租金	继续教育											
1	2	3	4	5	6	7	8	9	10	11	12	13	14	15	16	17	18	19	20	21	22	23	24	25	26	27	28	29	30	31	32	33	34	35	36	37	38	39	40
合计																																								

谨声明：本表是根据国家税收法律法规及相关规定填报的，是真实的、可靠的、完整的。

扣缴义务人（签章）：

　　　　　　　　年　月　日

经办人签字：

经办人身份证件号码：

代理机构签章：

代理机构统一社会信用代码：

受理人：

受理税务机关（章）：

受理日期：　年　月　日

（四）教学组织

本模块的教学关键是技能的训练，基于李某2019年收入所得情况，以及对个人所得税纳税申报表填写方法的理解，逐步展开任务，由学生独立填写个人所得税扣缴申报表，完成李某2019年个人所得税缴纳。由教师先行讲解个人所得税扣缴申报表的填写方法，学生以4~6人为一个小组进行讨论。让学生在执行的过程中，熟悉个人所得税网上申报流程，并根据相关信息完成李某个人所得税的缴纳。各小组进行展示汇报，加强学生团结协作意识，教师进行总结点评。最后环节是师生共同将本节课的知识点进行归纳，尤其是个人所得税扣缴申报表填写的注意事项，此项由学生通过实践后再总结出，以加深学生印象。

（五）教学过程

阶段	项目教学过程		学生学的活动	教师教的活动
1	项目引入	项目描述	1. 接受任务，形成小组 2. 理解学习目标，完成李某2019年个人所得税的缴纳	1. 展示李某2019年个人收入所得情况 2. 根据李某个人所得税应纳税额的计算结果，完成李某个人所得税的缴纳，做到准确无误
		知识准备	1. 能熟知个人所得税扣缴申报表的填写方法 2. 能记住个人所得税纳税申报流程	解释性讲解个人所得税扣缴申报表的填写方法和个人所得税申报流程
		任务定位	1. 查询个人所得税的纳税申报流程 2. 梳理相关概念 3. 完成李某2019年个人所得税的缴纳	1. 发放"项目五模块七：个人所得税纳税申报"任务操作单、学生工作页 2. 示范个人所得税的纳税申报流程 3. 在学生完成任务过程中，指出学生出现的错误；在学生进行咨询时，给予指导和帮助 4. 归纳性讲解学生在进行个人所得税纳税申报任务实践过程中存在的共性问题 5. 确认所有学生明确任务并进入了工作者角色

阶段	项目教学过程	学生学的活动	教师教的活动
2	项目实施	确定申报流程 1. 小组查看李某2019年个人所得情况 2. 小组明确个人所得税的纳税申报流程	描述性讲解个人所得税纳税申报流程
		填写纳税申报表 1. 观察与理解纳税申报表的填写方法 2. 按照李某2019年的收入情况，填写个人所得税扣缴申报表 3. 在实施任务的基础上，理解个人所得税扣缴申报表中各项目之间的关系	1. 展示个人所得税扣缴申报表填写的范例 2. 逐一指导学生完成任务，纠正存在的错误 3. 归纳性讲解个人所得税扣缴申报表的填写方法
		完成纳税申报 1. 登录网上纳税申报系统完成网上纳税申报 2. 在完成任务过程中，领悟团队协作意识、依法纳税意识	1. 引导学生完成个人所得税网上纳税申报 2. 对学生遇到的问题逐一进行解答 3. 对存在的问题进行讲解，并对小组完成情况形成评价 4. 在任务完成基础上，规定性讲解要求学生发展的团队合作意识、依法纳税意识等职业素养；通过对任务完成过程的观察，判断学生职业素养的发展状态
3	项目总结	项目展示与总体评价 1. 小组完成李某2019年个人所得税的纳税申报 2. 评价其他小组的优点与不足，提高对个人所得税的纳税申报的理解	1. 组织学生展示各组或各人的最终结果 2. 组织学生对最终结果进行互评，通过发现他人的问题，提高学生对个人所得税的纳税申报的理解
		项目学习小结 积极归纳个人所得税的纳税申报流程	引导学生自我归纳个人所得税的纳税申报流程

（六）技能评价

序号	技能	评判结果	
		是	否
1	能准确填写个人所得税扣缴申报表		
2	能完成个人所得税网上纳税申报		

二、任务操作单

任务操作单

工作任务：个人所得税扣缴申报表的填制

注意事项：本表适用于扣缴义务人向居民个人支付工资、薪金所得，劳务报酬所得，稿酬所得和特许权使用费所得的个人所得税全员全额预扣预缴申报；向非居民个人支付工资、薪金所得，劳务报酬所得，稿酬所得和特许权使用费所得的个人所得税全员全额扣缴申报；以及向纳税人（居民个人和非居民个人）支付利息、股息、红利所得，财产租赁所得，财产转让所得和偶然所得的个人所得税全员全额扣缴申报。

	编制项目	编制方法	编制标准	备注
1	扣缴义务人名称	填写扣缴义务人单位全称并加盖公章	填写齐全	C-E
2	扣缴义务人纳税人识别号（统一社会信用代码）	填写扣缴义务人的纳税人识别号或者统一社会信用代码	填写齐全	C-E
3	身份证件类型	填写纳税人有效的身份证件名称。中国公民有中华人民共和国居民身份证的，填写居民身份证；没有居民身份证的，填写中华人民共和国护照、港澳居民来往内地通行证或者港澳居民居住证、台湾居民通行证或者台湾居民居住证、外国人永久居留身份证、外国人工作许可证或者护照等	填写准确无误	C-E

4	纳税人识别号	有中国公民身份号码的，填写中华人民共和国居民身份证上载明的"公民身份号码"；没有中国公民身份号码的，填写税务机关赋予的纳税人识别号	填写准确无误	C—E
5	费用	取得劳务报酬所得、稿酬所得、特许权使用费所得时填写，取得其他各项所得时无须填写本列	填写准确无误	P—E
6	免税收入	填写纳税人各所得项目收入总额中包含的税法规定的免税收入金额。其中，税法规定"稿酬所得的收入额减按70%计算"，对稿酬所得的收入额减计的30%部分，填入本列	填写准确无误	P—E
7	专项扣除	填写按规定允许扣除的基本养老保险费、基本医疗保险费、失业保险费，住房公积金（简称"三险一金"）的金额	填写准确无误	P—E

三、学生工作页

学生工作页

任务名称：个人所得税纳税申报

一、工作目标（完成工作最终要达到的成果的形式）

　　根据李某2019年的收入所得情况，利用个人所得税应纳税额的计算公式，完成李某2019年个人所得税的纳税申报。

二、工作实施（过程步骤、技术参数、要领等）

（一）个人所得税的减免税优惠政策

1. 免征个人所得税的所得

_____

_____

_____

_____

2. 减征个人所得税

有下列情形之一的，可以减征个人所得税，具体幅度和期限，由省、自治区、直辖市人民政府规定，并报同级人民代表大会常务委员会备案：

_____

_____

_____

_____

_____

（二）个人所得税的征收办法

有下列情形之一的，纳税人应当依法办理纳税申报：

1. 取得综合所得需要办理汇算清缴；

2. 取得应税所得没有扣缴义务人；

3. 取得应税所得，扣缴义务人未扣缴税款；

4. 取得境外所得；

5. 因移居境外注销中国户籍；

6. 非居民个人在中国境内从两处以上取得工资、薪金所得；

7. 国务院规定的其他情形。

扣缴义务人应当按照国家规定办理全员全额扣缴申报，并向纳税人提供其个人所得和已扣缴税款等信息。

（三）个人所得税的纳税期限

1. 居民个人取得综合所得，按年计算个人所得税；有扣缴义务人的，由扣缴义务人按月或者按次预扣预缴税款；需要办理汇算清缴的，应当在取得所得的次年三月一日至六月三十日内办理汇算清缴。预扣预缴办法由国务院税务主管部门制定。

2. 非居民个人取得工资、薪金所得，劳务报酬所得，稿酬所得和特许权使用费所得，有扣缴义务人的，由扣缴义务人按月或者按次代扣代缴税款，不办理汇算清缴。

3. 纳税人取得经营所得，按年计算个人所得税，由纳税人在月度或者季度终了后十五日内向税务机关报送纳税申报表，并预缴税款；在取得所得的次年三月三十一日前办理汇算清缴。

4. 纳税人取得利息、股息、红利所得，财产租赁所得，财产转让所得和偶然所得，按月或者按次计算个人所得税，有扣缴义务人的，由扣缴义务人按月或者按次代扣代缴税款。

5. 纳税人取得应税所得没有扣缴义务人的，应当在取得所得的次月十五日内向税务机关报送纳税申报表，并缴纳税款。

6. 纳税人取得应税所得，扣缴义务人未扣缴税款的，纳税人应当在取得所得的次年六月三十日前，缴纳税款；税务机关通知限期缴纳的，纳税人应当按照期限缴纳税款。

7. 居民个人从中国境外取得所得的，应当在取得所得的次年三月一日至六月三十日内申报纳税。

8. 非居民个人在中国境内从两处以上取得工资、薪金所得的，应当在取得所得的次月十五日内申报纳税。

9. 纳税人因移居境外注销中国户籍的，应当在注销中国户籍前办理税款清算。

10. 扣缴义务人每月或者每次预扣、代扣的税款，应当在次月十五日内缴入国库，并向税务机关报送个人所得税扣缴申报表。

11. 纳税人办理汇算清缴退税或者扣缴义务人为纳税人办理汇算清缴退税的，税务机关审核后，按照国库管理的有关规定办理退税。

（四）个人所得税的纳税地点

_____

（五）填写纳税申报表

_____

（六）进入网络纳税申报系统完成纳税申报

_____

三、工作反思（检验评价、总结拓展等）

1. 某调酒师与酒吧签约，2019年一年内每天到酒吧为顾客表演一次调酒，每次收取报酬100元，则对其征收个人所得税应按（　　　　）计算。

    A. 每天　　　　　　　B. 每周　　　　　　　C. 每月　　　　　　　D. 每季

2. 个人取得的所得，难以界定应纳税所得项目的，由（　　　　）。

    A. 扣缴义务人确定　　　　　　　　　　B. 纳税人自行确定

    C. 主管税务机关确定　　　　　　　　　D. 纳税人与主管税务机关协商确定

3. 下列所得中，免征个人所得税的是（　　　　）。

    A. 年终加薪　　　　　　　　　　　　　B. 拍卖本人文字作品原稿的收入

    C. 个人保险赔偿款　　　　　　　　　　D. 从投资管理公司取得的派系分红

4. 下列项目中，经批准可减征个人所得税的有（　　　　）。

    A. 通过民间科研协定来华工作的专家，其取得的工资、薪金所得

    B. 烈属的所得

    C. 残疾人员取得的所得

    D. 因自然灾害遭受重大损失的

项目六　其他小税种的计算与纳税申报

● 项目描述 ●

　　根据本项目各模块中各公司的经济业务内容，利用其他小税种应纳税额的计算公式和纳税申报流程，完成各家公司其他小税种应纳税额的计算与纳税申报。

模块一　城市维护建设税与教育费附加计算

一、教学设计

（一）模块描述

　　根据东方公司2018年9月份增值税、消费税的缴纳情况，利用城市维护建设税与教育费附加应纳税额的计算公式，完成东方公司2018年9月份城市维护建设税与教育费附加的计算。

　　案例：地处市区的东方公司2018年9月实际缴纳增值税20 000元、消费税10 000元。计算该企业应缴纳的城建税。

（二）教学目标

◎ 能判断城市维护建设税与教育费附加的征税范围及税率。

◎ 能完成城市维护建设税与教育费附加的计算。

◎ 能合理运用国家城市维护建设税与教育费附加的税收优惠政策。

（三）教学资源

◎ 多媒体PPT课件　实物投影仪　任务操作单　学生工作页

◎ 东方公司经济业务内容

◎ 学生自带工具：财会专用笔　计算器

（四）教学组织

　　本模块的教学关键是技能的训练，基于东方公司2018年9月份的经济业务内容，以及对城市维护建设税与教育费附加计算方法的理解，逐步展开任务，由学生独立完成东方公司2018年9月份城市维护建设税与教育费附加应纳税额的计算。由教师先行讲解城市维护建设税与教育费附加的计算方法，学生以4～6人为一个小组进行讨论。让学生在执行的过程中，熟悉该计算方法，完成城市维护建设税与教育费附加的计算。各小组进行展示汇报，加强学生团结协作意识，教师进行总结点评。最后环节是师生共同将本节课的知识点进行归纳，尤其是城市维护建设税与教育费附加的计算方法，此项由学生通过实践后再总结出，以加深学生印象。

（五）教学过程

阶段	项目教学过程		学生学的活动	教师教的活动
1	项目引入	项目描述	1. 接受任务，形成小组 2. 理解学习目标，完成城市维护建设税与教育费附加的计算	1. 展示东方公司2018年9月份的经济业务内容 2. 根据城市维护建设税与教育费附加的计算方法，完成东方公司2018年9月城市维护建设税与教育费附加应纳税额的计算，做到准确无误
		知识准备	1. 能熟知城市维护建设税与教育费附加的纳税范围和税率 2. 能记住城市维护建设税与教育费附加的计算方法	解释性讲解城市维护建设税与教育费附加的纳税范围、税率和计算方法
		任务定位	1. 查询城市维护建设税与教育费附加的征税范围和税率 2. 梳理相关概念 3. 完成东方公司2018年9月份城市维护建设税与教育费附加的计算	1. 发放"项目六模块一：城市维护建设税与教育费附加计算"任务操作单、学生工作页 2. 示范城市维护建设税与教育费附加的计算 3. 在学生完成任务过程中，指出学生出现的错误；在学生进行咨询时，给予指导和帮助 4. 归纳性讲解学生在进行城市维护建设税计算的任务实践过程中存在的共性问题 5. 确认所有学生明确任务并进入了工作者角色

续表

阶段	项目教学过程		学生学的活动	教师教的活动
2	项目实施	确定计税方法	1. 小组查看东方公司2018年9月份的经济业务内容 2. 小组确定东方公司城市维护建设税与教育费附加的计算方法	1. 描述性讲解城市维护建设税与教育费附加及其纳税计算方法 2. 对学生关于城市维护建设税与教育费附加应纳税额计算方法的认定进行评价
		确定计税依据	1. 观察与理解城市维护建设税与教育费附加征税范围，确定计税依据 2. 按照东方公司2018年9月份的经济业务内容和原始单据，确定公司2018年9月份计税依据	1. 展示确定城市维护建设税与教育费附加计税依据的范例 2. 逐一指导学生完成任务，纠正存在的错误
		计算应纳税额	1. 确定东方公司城市维护建设税与教育费附加税率 2. 小组提出疑问 3. 计算东方公司2018年9月份城市维护建设税与教育费附加应纳税额	1. 描述性讲解城市维护建设税与教育费附加应纳税额的计算公式 2. 组织具有代表性的小组阐述城市维护建设税与教育费附加的计算方法 3. 对学生遇到的问题逐一进行解答 4. 对存在的问题进行讲解，并对小组完成情况形成评价
3	项目总结	项目展示与总体评价	1. 小组完成东方公司2018年9月份城市维护建设税与教育费附加计算 2. 评价其他小组的优点与不足，提高对城市维护建设税与教育费附加计算的理解	1. 组织学生展示各组或各人的最终结果 2. 组织学生对最终结果进行互评，通过发现他人的问题，提高学生对城市维护建设税与教育费附加计算的理解
		项目学习小结	积极归纳城市维护建设税与教育费附加的计算方法	引导学生自我归纳城市维护建设税与教育费附加的计算方法

（六）技能评价

序号	技能	评判结果	
		是	否
1	能确定城市维护建设税与教育费附加的计税依据		
2	能正确计算城市维护建设税与教育费附加的应纳税额		

二、任务操作单

任务操作单

工作任务：城建税与教育费附加的计算

注意事项：城建税与教育费附加计税依据是纳税人实际缴纳的增值税和消费税的和。

	步骤	操作方法与说明	质量	备注
1	确定应纳税所得额	1. 确定实际缴纳的增值税与消费税 2. 应纳税所得额=增值税+消费税	计算结果正确无误	C–M P–M
2	确定税率	查找适用的税率 纳税人所在地为城市市区的，税率为7%；纳税人所在地为县城、建制镇的，税率为5%；其他情况为1%	税率查找无误	C–E
3	计算应纳税额	根据计算出的应纳税所得额及城建税与教育费附加应纳税额计算公式，计算应纳税额。应纳税额=（增值税税额+消费税税额）×适用税率	计算结果正确无误	P–D

三、学生工作页

学生工作页

任务名称：城市维护建设税与教育费附加计算

一、工作目标（完成工作最终要达到的成果的形式）

　　根据东方公司2018年9月份增值税、消费税的缴纳情况，利用城市维护建设税与

续表

教育费附加应纳税额的计算公式和纳税申报流程，完成东方公司2018年9月份城市维护建设税与教育费附加的计算。

案例： 地处市区的东方公司2018年9月实际缴纳增值税20 000元、消费税10 000元。计算该企业应缴纳的城建税。

二、工作实施（过程步骤、技术参数、要领等）

（一）城市维护建设税的定义

城市维护建设税是为了扩大和稳定城市维护建设资金来源，对从事工商经营活动的单位和个人，以其实际缴纳的增值税、消费税税额为计税依据，按照规定的税率计算征收的专项用于城市维护建设的一种附加税。

（二）纳税人

城建税纳税人，为缴纳增值税、消费税的各类企业、单位和个人。

（三）税率

城建税，按照纳税人所在地的不同，设置了三档地区差别比例税率，即：

1. 纳税人所在地为市区的，税率为7%；

2. 纳税人所在地为县城、建制镇的，税率为5%；

3. 纳税人所在地不在市区、县城或者建制镇的，税率为1%。

（四）计税依据

城建税纳税人的应纳税额大小是由纳税人实际缴纳的"两税"税额决定的，其计算公式为：

应纳税额＝纳税人实际缴纳的增值税、消费税税额×适用税率

[例6-1] 位于南京市区的宏伟制药公司2018年9月份共缴纳增值税、消费税和关税562万元，其中关税102万元。试计算该企业2018年9月份应缴纳的城市维护建设税。

[**案例分析及解答**] 关税不属于城建税和教育费附加的计税依据。该企业位于市区，其城建税税率适用7%。

应缴纳城建税＝（562-102）×7%=32.2（万元）

注意： 违反规定而加收的滞纳金和罚款，不作为城建税的计税依据，但纳税人在被查补"两税"和被处以罚款时，应同时对其偷漏的城建税进行补税、征收滞纳金和罚款。

（五）教育费附加

教育费附加是对缴纳增值税、消费税的单位和个人，就其实际缴纳的"两税"税额为计算依据征收的一种附加费。

纳税人：负有缴纳"两税"义务的单位和个人。

续 表

（六）教育费附加与城建税的异同点

1. 共同点：

（1）纳税人相同，都是缴纳"两税"的单位和个人；

（2）计税依据相同，都是以实际缴纳的"两税"税额为计税依据；

（3）申报、税收优惠基本相同。

2. 不同点：

（1）税率不同；

（2）教育费附加是附加费，而不是"税"，只是由税务机关代征，不加收滞纳金。

三、工作反思（检验评价、总结拓展等）

本任务内容是城建税和教育费附加的基本征收内容，如纳税人、税率的确定，计税依据，申报与缴纳的要求等。它的重点是把握计税方法、正确计算应纳税额，以及财务处理；难点是相关税收优惠政策的运用。

很多外资企业都是生产型企业，需缴纳增值税，它们的产品需缴纳消费税，有些外企既生产还提供服务。这些企业使缴纳城建税和教育费附加的税基变得更大。

城建税和教育费附加是地方税，即使消费税为中央税、增值税75%归中央，但并不影响城建税和教育费附加以全额增值税、消费税为税基。

模块二　城市维护建设税与教育费附加纳税申报

一、教学设计

（一）模块描述

根据东方公司2018年9月份增值税、消费税的缴纳情况，利用城市维护建设税与教育费附加应纳税额的纳税申报流程，完成东方公司2018年9月份城市维护建设税与教育费附加的纳税申报。

（二）教学目标

◎ 能正确地填写城建税与教育费附加申报表。

◎ 能完成东方公司城建税与教育费附加的纳税申报与税款缴纳。

（三）教学资源

◎ 多媒体PPT课件　实物投影仪　任务操作单　学生工作页

表6-1　城市维护建设税与教育费附加申报表

（适用于增值税、消费税纳税人）

纳税人识别号：

纳税人名称：

申报所属期起：

申报所属期止：

填表日期：　　年　月　日

单元：元（列至角分）

税（费）种	计税（费）依据			税（费）率	应纳税（费）额	减免税（费）额	应缴纳税（费）额
	增值税额	消费税额	营业税额				
1	2	3	4	5	6=（2+3+4）×5	7	8=6-7
城市维护建设税							
教育费附加							

如纳税人填报，由纳税人填写以下各栏 / 如委托税务代理机构填报，由税务代理机构填写以下各栏

会计主管（签章）　经办人（签章）

税务代理机构名称

税务代理机构地址

代理人（签章）

税务代理机构（公章）

申报声明：此纳税申报表是根据国家税收法律规定填报的，我确信它是真实的、可靠的、完整的。

申明人：

法定代表人（负责人）签字或盖章　　（公章）

以下由税务机关填写

受理日期		受理人	
审核日期		审核人	
审核记录			

◎ 东方公司经济业务内容

◎ 企业纳税申报系统

◎ 学生自带工具：财会专用笔　计算器

（四）教学组织

本模块的教学关键是技能的训练，基于东方公司2018年9月份的经济业务内容，以及对城市维护建设税与教育费附加纳税申报表填写方法的理解，逐步展开任务，由学生独立填制纳税申报表，完成东方公司2018年9月份城市维护建设税与教育费附加的纳税申报。由教师先行讲解城市维护建设税与教育费附加的纳税申报方法，学生以4~6人为一个小组进行讨论。让学生在执行的过程中，熟悉该方法，并能根据城市维护建设税与教育费附加征收管理办法填写城市维护建设税与教育费附加纳税申报表，完成城市维护建设税与教育费附加的纳税申报。各小组进行展示汇报，加强学生团结协作意识，教师进行总结点评。最后环节是师生共同将本节课的知识点进行归纳，尤其是城市维护建设税与教育费附加的纳税申报流程，此项由学生通过实践后再总结出，以加深学生印象。

（五）教学过程

阶段	项目教学过程		学生学的活动	教师教的活动
1	项目引入	项目描述	1. 接受任务，形成小组 2. 理解学习目标，完成城市维护建设税与教育费附加的纳税申报	1. 展示东方公司2018年9月份的经济业务内容 2. 根据城市维护建设税与教育费附加的计算方法，完成东方公司2018年9月城市维护建设税与教育费附加的纳税申报，做到准确无误
		知识准备	1. 能熟知城市维护建设税与教育费附加的纳税范围和税率 2. 能理解城市维护建设税与教育费附加的纳税申报表的填写方法和纳税申报	1. 解释性讲解城市维护建设税与教育费附加的纳税范围、税率和计算方法 2. 解释性讲解城市维护建设税与教育费附加的纳税申报流程
		任务定位	1. 查询城市维护建设税与教育费附加的征税范围和税率 2. 梳理相关概念	1. 发放"项目六模块二：城市维护建设税与教育费附加纳税申报"任务操作单、学生工作页 2. 示范城市维护建设税与教育费附加的纳税申报

阶段	项目教学过程		学生学的活动	教师教的活动
1	项目引入	任务定位	3. 完成东方公司2018年9月份城市维护建设税与教育费附加的纳税申报	3. 在学生完成任务过程中，指出学生出现的错误；在学生进行咨询时，给予指导和帮助 4. 归纳性讲解学生在进行城市维护建设税计算与纳税申报任务实践过程中存在的共性问题 5. 确认所有学生明确任务并进入了工作者角色
2	项目实施	确定纳税申报流程	1. 小组查看东方公司2018年9月份的经济业务内容 2. 小组理解城市维护建设税与教育费附加的纳税申报流程	1. 描述性讲解城市维护建设税与教育费附加的纳税申报流程 2. 对学生关于城市维护建设税与教育费附加纳税申报方法的认定进行评价
		填写纳税申报表	1. 查询相关城市维护建设税与教育费附加征收管理及相关优惠政策 2. 计算的应纳税额，填写东方公司2018年9月份的城市维护建设税与教育费附加申报表	1. 引导学生填写城市维护建设税与教育费附加申报表 2. 对学生遇到的问题逐一进行解答 3. 对存在的问题进行讲解，并对小组完成情况形成评价
		完成纳税申报	1. 登录网上纳税申报系统完成网上纳税申报 2. 在完成任务过程中，领悟团队协作意识、依法纳税意识	1. 引导学生完成东方公司2018年9月份城市维护建设税与教育费附加网上纳税申报 2. 对学生遇到的问题逐一进行解答 3. 对存在的问题进行讲解，并对小组完成情况形成评价 4. 在任务完成基础上，规定性讲解要求学生发展的团队合作意识、依法纳税意识等职业素养；通过对任务完成过程的观察，判断学生职业素养的发展状态

阶段	项目教学过程	学生学的活动	教师教的活动
3	项目总结	项目展示与总体评价	1. 小组完成东方公司2018年9月份城市维护建设税与教育费附加的纳税申报 2. 评价其他小组的优点与不足，提高对城建税与教育费附加纳税申报流程的理解	1. 组织学生展示各组或各人的最终成果 2. 组织学生对最终成果进行互评，通过发现他人的问题，提高学生对城建税与教育费附加纳税申报流程的理解
		项目学习小结	积极归纳城建税与教育费附加的纳税申报流程	引导学生自我归纳城建税与教育费附加的纳税申报流程

（六）技能评价

序号	技能	评判结果	
		是	否
1	能准确填写城市维护建设税与教育费附加申报表		
2	能完成城市维护建设税与教育费附加网上纳税申报		

二、任务操作单

任务操作单

工作任务：城市维护建设税的征收管理

注意事项：城市维护建设税要与增值税和消费税同时缴纳，但是城市维护建设税的缴税地点要分情况进行处理。

	如果	那么		备注
		类型判定	处理	
1	代扣代缴、代收代缴			C-E
2	跨省开采的油田			C-E
3	管道局输油部分的收入			C-E
4	流动经营无固定纳税地点的单位和个人			C-E

三、学生工作页

学生工作页

任务名称：城市维护建设税与教育费附加纳税申报

一、工作目标（完成工作最终要达到的成果的形式）
根据东方公司2018年9月份增值税、消费税的缴纳情况，利用城市维护建设税与教育费附加应纳税额的纳税申报流程，完成东方公司2018年9月份城市维护建设税与教育费附加的纳税申报。

二、工作实施（过程步骤、技术参数、要领等）

（一）减免税

城建税和教育费附加原则上不单独减免；但因具有附加税性质，当主税发生减免时，城建税相应发生税收减免。

（二）纳税地点

1. 纳税人直接缴纳"两税"的，在缴纳"两税"地缴纳城建税。

2. 代扣代缴、代收代缴"两税"的单位和个人，同时也是城建税的代扣代缴、代收代缴义务人，其城建税的纳税地点在代扣代收地；如果没有代扣城建税的，应纳税单位或个人回到其所在地申报纳税。

3. 对流动经营等无固定纳税地点的单位和个人，应随同"两税"在经营地按适用税率缴纳。

（三）填写纳税申报表

表6-1　城市维护建设税与教育费附加申报表

（适用于增值税、消费税纳税人）

填表日期：　　年　月　日

纳税人识别号：

纳税人名称：

申报所属期起：

申报所属期止：　　　　　　　　　　　　　　　　　　　　单元：元（列至角分）

税（费种）	计税（费）依据			税（费）率	应纳税（费）额	减免税（费）额	应缴纳税（费）额
	增值税额	消费税额	营业税额				
1	2	3	4	5	6=（2+3+4）×5	7	8=6-7
城市维护建设税							
教育费附加							

续　表

续　表

如纳税人填报，由纳税人填写以下各栏		如委托税务代理机构填报，由税务代理机构填写以下各栏		
会计主管（签章）	经办人 （签章）	税务代理机构名称		税务代理机构 （公章）
		税务代理机构地址		
		代理人（签章）		
申报声明	此纳税申报表是根据国家税收法律的规定填报的，我确信它是真实的、可靠的、完整的。	以下由税务机关填写		
	申明人：	受理日期		受理人
	法定代表人（负责人）签字或盖章	审核日期		审核人
	（公章）	审核记录		

（四）登录网上纳税申报系统，完成东方公司的纳税申报

三、工作反思（检验评价、总结拓展等）

1. 代表小组展示纳税申报流程。
2. 师生共同评价结果。
3. 选出优胜小组并予以鼓励。
4. 总结本模学习内容，学生代表谈体会。

模块三　印花税计算

一、教学设计

（一）模块描述

根据红玉有限公司2016年3月份经济活动和经济交往中的应税凭证，利用印花税应

· 144 ·

纳税额的计算公式，完成红玉有限公司2016年3月份印花税的计算。

案例：红玉公司于2016年3月份开业，当月发生以下有关业务事项：领受工商营业执照、土地使用证各1件；订立购销合同1份，所载金额为100 000元；订立借款合同1份，所载金额为200 000元；企业记载资金的账簿中，"实收资本""资本公积"项目的合计金额为500 000元；设立其他营业账簿10本。计算该企业当月应缴纳的印花税税额。

（二）教学目标

◎ 能判断印花税的征税范围及税率。

◎ 能完成印花税的计算。

◎ 能合理运用国家印花税的税收优惠政策。

（三）教学资源

◎ 多媒体PPT课件　实物投影仪　任务操作单　学生工作页

◎ 红玉公司经济业务内容

◎ 学生自带工具：财会专用笔　计算器

（四）教学组织

本模块的教学关键是技能的训练，基于红玉公司2016年3月份的应税凭证，以及对印花税计算方法的理解，逐步展开任务，由学生独立完成红玉公司2016年3月份印花税应纳税额的计算。由教师先行讲解印花税的计算方法，学生以4~6人为一个小组进行讨论。让学生在执行的过程中，熟悉该计算方法，完成印花税的计算。各小组进行展示汇报，加强学生团结协作意识，教师进行总结点评。最后环节是师生共同将本节课的知识点进行归纳，尤其是印花税的计算方法，此项由学生通过实践后再总结出，以加深学生印象。

（五）教学过程

阶段	项目教学过程		学生学的活动	教师教的活动
1	项目引入	项目描述	1. 接受任务，形成小组 2. 理解学习目标，完成印花税的计算	1. 展示红玉公司2016年3月份的经济业务内容 2. 根据印花税的计算方法，完成红玉公司2016年3月份印花税应纳税额的计算，做到准确无误
		知识准备	1. 能熟知印花税的纳税范围和税率 2. 能记住印花税的计算方法	解释性讲解印花税的纳税范围、税率和计算方法

阶段	项目教学过程		学生学的活动	教师教的活动
1	项目引入	任务定位	1. 查询印花税的征税范围和税率 2. 梳理相关概念 3. 完成红玉公司2016年3月份印花税的计算	1. 发放"项目六模块三：印花税计算"任务操作单、学生工作页 2. 示范印花税的计算 3. 在学生完成任务过程中，指出学生出现的错误；在学生进行咨询时，给予指导和帮助 4. 归纳性讲解学生在进行印花税计算的任务实践过程中存在的共性问题 5. 确认所有学生明确任务并进入了工作者角色
2	项目实施	确定计税方法	1. 小组查看红玉公司2016年3月份的经济业务内容 2. 小组确定红玉公司印花税应纳税额的计算方法	1. 描述性讲解印花税的计算方法 2. 对学生关于印花税应纳税额计算方法的认定进行评价
		确定计税依据	1. 理解印花税征税范围，确定计税依据 2. 按照红玉公司2016年3月份的经济业务内容，确定红玉公司2016年3月份印花税的计税依据	1. 展示确定印花税计税依据的范例 2. 逐一指导学生完成任务，纠正存在的错误
		计算应纳税额	1. 确定红玉公司印花税的适用税率 2. 小组提出疑问 3. 计算红玉公司2016年3月份印花税的应纳税额	1. 描述性讲解印花税应纳税额的计算公式 2. 组织具有代表性的小组阐述印花税的计算方法 3. 对学生遇到的问题逐一进行解答 4. 对存在的问题进行讲解，并对小组完成情况形成评价

阶段	项目教学过程	学生学的活动	教师教的活动
3	项目总结	项目展示与总体评价	1. 小组完成红玉公司2016年3月份印花税计算 2. 评价其他小组的优点与不足，提高对印花税计算方法的理解	1. 组织学生展示各组或各人的最终结果 2. 组织学生对最终结果进行互评，通过发现他人的问题，提高学生对印花税计算方法的理解
		项目学习小结	积极归纳印花税的计算方法	引导学生自我归纳印花税的计算方法

（六）技能评价

序号	技能	评判结果	
		是	否
1	能确定印花税的计税依据		
2	能正确计算印花税的应纳税额		

二、任务操作单

任务操作单

工作任务： 印花税计算

注意事项： 印花税是一种行为税，是针对经济活动和经济交往过程中的特定凭证和相关行为征收的一种税。需依法征收印花税的凭证有：合同和具有合同性质的凭证、产权转移书据、营业账簿、权利及许可证照和其他凭证。

	步骤	操作方法与说明	质量	备注
1	确定应纳税凭证的金额或数量	1. 各类合同以及具有合同性质的凭证、产权转移数据、营业账簿中记载资金的账簿，按照应税凭证的金额计税 2. 权利、许可证照和营业账簿税目中的其他账簿，按件贴花	计算结果正确无误	P—M P—M

	步骤	操作方法与说明	质量	备注
2	确定税率和税额标准	查找适用的税率和税额标准	税率和税额标准查找无误	C-E
3	计算应纳税额	根据计算出的应纳税凭证的金额数量及印花税计算公式，计算印花税应纳税额。应纳税额=应纳税凭证记载的金额×适用税率或应纳税额=应纳税凭证的件数×适用税额标准	计算结果正确无误	P-D

三、学生工作页

学生工作页

任务名称： 印花税计算

一、工作目标（完成工作最终要达到的成果的形式）

根据红玉有限公司2016年3月份经济活动和交往中的应税凭证，利用印花税应纳税额的计算公式，完成红玉有限公司2016年3月份印花税的计算。

案例： 红玉公司于2016年3月份开业，当月发生以下有关业务事项：领受工商营业执照、土地使用证各1件；订立购销合同1份，所载金额为100 000元；订立借款合同1份，所载金额为200 000元；企业记载资金的账簿中，"实收资本""资本公积"项目的合计金额为500 000元；设立其他营业账簿10本。计算该企业当月应缴纳的印花税税额。

二、工作实施（过程步骤、技术参数、要领等）

（一）印花税的定义

（二）纳税人

1. 立合同人

2. 立据人

3. 立账簿人

4. 领受人

5. 使用人

续表

6.各类电子应税凭证的签证人

（三）查找税目及税率

_____

（四）计算应纳税额

应纳税额= _____

或应纳税额= _____

［例6-2］某企业某年2月开业，当月发生以下有关业务事项：领受房屋产权证、工商营业执照、土地使用证各1件；订立购销合同1份，所载金额为200 000元；订立借款合同1份，所载金额为200 000元；企业记载资金的账簿中，"实收资本""资本公积"项目的合计金额为500 000元；设立其他营业账簿10本。计算该企业当月应缴纳的印花税税额。

（五）计算红玉公司应缴纳的印花税

_____

_____

_____

三、工作反思（检验评价、总结拓展等）

1.代表小组展示印花税计算方法。

2.师生共同评价结果。

3.选出优胜小组并予以鼓励。

4.总结本模块学习内容，学生代表谈体会。

模块四　印花税纳税申报

一、教学设计

（一）模块描述

根据红玉有限公司2016年3月份经济活动和经济交往中的应税凭证，利用印花税应纳税额的纳税申报流程，完成红玉有限公司2016年3月份印花税的纳税申报。

（二）教学目标

◎ 能正确地填写印花税申报表。

◎ 能完成红玉公司印花税纳税申报与税款缴纳。

表6-2　印花税纳税申报表

纳税人识别号：

纳税人名称：（公章）

税款所属期限：自　　年　月　日至　　年　月　日

填表日期：　　年　月　日

应税凭证	计税金额或件	适用税率	计税金额	本期应纳税额	本期已缴税额	本期应补（退）税额
	1	2	3	4=1*2+2*3	5	6=4-5
购销合同		0.3‰				
加工承揽合同		0.5‰				
建设工程勘察设计合同		0.5‰				
建筑安装工程承包合同		0.3‰				
财产租赁合同		1‰				
货物运输合同		0.5‰				
仓储保管合同		1‰				
借款合同		0.05‰				
财产保险合同		1‰				
技术合同		0.3‰				
产权转移书据		0.5‰				
营业账簿（记载资金的账簿）		0.5‰				
营业账簿（其他账簿）		5				
权利、许可证照		5				
合计	—	—				
以下由纳税人填写：						
纳税人声明	此纳税申报表是根据《中华人民共和国印花税暂行条例》和国家有关税收规定填报的，是真实的、可靠的、完整的。					

续表

纳税人签章		代理人身份证号	
以下由税务机关填写：			
受理人	年　月　日	受理税务机关签章	

（三）教学资源

◎ 多媒体PPT课件　实物投影仪　任务操作单　学生工作页

◎ 红玉公司经济业务内容

◎ 企业纳税申报系统

◎ 学生自带工具：财会专用笔　计算器

（四）教学组织

本模块的教学关键是技能的训练，基于红玉有限公司2016年3月份的经济业务内容，以及对印花税纳税申报表填写方法的理解，逐步展开任务，由学生独立填制纳税申报表，完成红玉公司2016年3月份印花税的纳税申报。由教师先行讲解印花税的纳税申报方法，学生以4～6人为一个小组进行讨论。让学生在执行的过程中，熟悉该方法，并能根据印花税征收管理办法填写印花税纳税申报表，完成印花税的纳税申报。各小组进行展示汇报，加强学生团结协作意识，教师进行总结点评。最后环节是师生共同将本节课的知识点进行归纳，尤其是印花税的纳税申报流程，此项由学生通过实践后再总结出，以加深学生印象。

（五）教学过程

阶段	项目教学过程		学生学的活动	教师教的活动
1	项目引入	项目描述	1. 接受任务，形成小组 2. 理解学习目标，完成印花税纳税申报	1. 展示红玉有限公司2016年3月份的经济业务内容 2. 根据印花税的申报方法，完成红玉公司2016年3月印花税的纳税申报，做到准确无误
		知识准备	1. 能熟知印花税的纳税范围和税率 2. 能理解印花税纳税申报表的填写方法和印花锐纳税申报流程	1. 解释性讲解印花税的纳税范围、税率和计算方法 2. 解释性讲解印花税的纳税申报流程

阶段	项目教学过程		学生学的活动	教师教的活动
1	项目引入	任务定位	1. 查询印花税的征税范围和税率 2. 梳理相关概念 3. 完成红玉有限公司2016年3月份印花税的纳税申报	1. 发放"项目六模块四：印花税纳税申报"任务操作单、学生工作页 2. 示范印花税的纳税申报 3. 在学生完成任务过程中，指出学生出现的错误；在学生进行咨询时，给予指导和帮助 4. 归纳性讲解学生在进行印花税纳税申报任务实践过程中存在的共性问题 5. 确认所有学生明确任务并进入了工作者角色
2	项目实施	确定纳税申报流程	1. 小组查看红玉有限公司2016年3月份的经济业务内容 2. 小组理解印花税的纳税申报流程	1. 描述性讲解印花税的纳税申报流程 2. 对学生关于印花税纳税申报方法的认定进行评价
		填写纳税申报表	1. 查询印花税相关征收管理及相关优惠政策 2. 依据计算的应纳税额填写红玉有限公司2016年3月份的印花税纳税申报表	1. 引导学生填写印花税纳税申报表 2. 对学生遇到的问题逐一进行解答 3. 对存在的问题进行讲解，并对小组完成情况形成评价
		完成纳税申报	1. 登录网上纳税申报系统完成网上纳税申报 2. 在完成任务过程中，领悟团队协作意识、依法纳税意识	1. 引导完成红玉有限公司2016年3月份印花税网上纳税申报 2. 对学生遇到的问题逐一进行解答 3. 对存在的问题进行讲解，并对小组完成情况形成评价 4. 在任务完成基础上，规定性讲解要求学生发展的团队合作意识、依法纳税意识等职业素养；通过对任务完成过程的观察，判断学生职业素养的发展状态

续表

阶段	项目教学过程	学生学的活动	教师教的活动
3 项目总结	项目展示与总体评价	1. 小组完成红玉有限公司2016年3月份印花税的纳税申报 2. 评价其他小组的优点与不足，提高对印花税纳税申报流程的理解	1. 组织学生展示各组或各人的最终结果 2. 组织学生对最终结果进行互评，通过发现他人的问题，提高学生对印花税纳税申报流程的理解
	项目学习小结	积极归纳印花税的纳税申报流程	引导学生自我归纳印花税的纳税申报流程

（六）技能评价

序号	技能	评判结果	
		是	否
1	能准确填写印花税纳税申报表		
2	能完成印花税网上纳税申报		

二、任务操作单

任务操作单

工作任务：印花税纳税申报表的填制

注意事项：印花税纳税人应按有关规定及时办理纳税申报，并如实填写印花税纳税申报表。对于购、销业务量较大的纳税人，需在印花税纳税申报表后附送"购、销合同编号目录"。

	编制项目	编制方法	编制标准	备注
1	纳税人识别号	办理税务登记时由税务机关确定税务登记号	填写准确无误	C-E
2	计税金额	填写征收印花税的应税凭证所对应的费用、收入金额	填写准确无误	P-M
3	本期应纳税额	本期应纳税额=计税金额（件）×适用税率+适用税率×计税金额	填写准确无误	P-M

三、学生工作页

学生工作页

任务名称： 印花税纳税申报

一、工作目标（完成工作最终要达到的成果的形式）

根据红玉有限公司2016年3月份经济活动和交往中的应税凭证，利用印花税的纳税申报流程，完成红玉有限公司2016年3月份印花税的纳税申报。

二、工作实施（过程步骤、技术参数、要领等）

（一）免征印花税的凭证

（1）_____

（2）_____

（3）_____

（4）_____

（5）_____

（6）_____

（7）_____

（8）_____

（二）免征印花税的项目

（1）_____

（2）_____

（3）_____

（4）_____

（5）_____

（三）印花税的征收管理

（1）一般纳税方法

一般纳税方法也称为 _____

（2）简化纳税方法

① _____

② _____

③ _____

（3）印花税一般实行就地纳税

（四）填写纳税申报表

表6-2 印花税纳税申报表

纳税人识别号：

纳税人名称：（公章）

税款所属期限：自 年 月 日至 年 月 日

填表日期： 年 月 日

应税凭证	计税金额或件	适用税率	计税金额	本期应纳税额	本期已缴税额	本期应补（退）税额
	1	2	3	4=1*2+2*3	5	6=4-5
购销合同		0.3‰				
加工承揽合同		0.5‰				
建设工程勘察设计合同		0.5‰				
建筑安装工程承包合同		0.3‰				
财产租赁合同		1‰				
货物运输合同		0.5‰				
仓储保管合同		1‰				
借款合同		0.05‰				
财产保险合同		1‰				
技术合同		0.3‰				
产权转移书据		0.5‰				
营业账簿（记载资金的账簿）		0.5‰				
营业账簿（其他账簿）		5				
权利、许可证照		5				
合计	—	—				
以下由纳税人填写：						
纳税人声明	此纳税申报表是根据《中华人民共和国印花税暂行条例》和国家有关税收规定填报的，是真实的、可靠的、完整的。					

纳税人签章		代理人身份证号	
以下由税务机关填写：			
受理人	年　月　日	受理税务机关签章	

（五）登录网上纳税申报系统，完成红玉有限公司的纳税申报

三、工作反思（检验评价、总结拓展等）

1. 代表小组展示纳税申报流程。

2. 师生共同评价结果。

3. 选出优胜小组并予以鼓励。

4. 总结课程内容，学生代表谈体会。

模块五　车辆购置税计算

一、教学设计

（一）模块描述

根据振达公司2019年4月份购置车辆情况，利用车辆购置税应纳税额的计算公式，完成振达公司2019年4月份车辆购置税的计算。

（二）教学目标

◎ 能判断车辆购置税的征税范围及税率。

◎ 能完成车辆购置税的计算。

◎ 能合理运用国家车辆购置税的税收优惠政策。

（三）教学资源

◎ 多媒体PPT课件　实物投影仪　任务操作单　学生工作页

◎ 振达公司经济业务内容

◎ 学生自带工具：财会专用笔　计算器

机 动 车 销 售 统 一 发 票

发票代码 137011425306
发票号码 0013126

开票日期：2019年4月4日

机打代码	137011425306			税控码	545611688**15561558*7886119985*455641/44561/4643
机打号码	00013126				
机器编号	699765478906				

购货单位(人)	振达公司			身份证号码/组织机构代码	154881465444166
车辆类型	轿车	厂牌型号	BFJEKLS1511223652	产地	中国
合格证号	WEG390000000014562	进口证明书号		商检单号	
发动机号码	0198219	车辆识别代号/车架号码			LBVF78LDENB48523
价税合计	◎叁拾玖万叁仟元整			小写	￥393000.00
销货单位名称	山东华建汽车销售有限公司			电话	05316636155
纳税人识别号	3701014561623			账号	16014614754432145678
地址	山东省济南市历下区工业南路039号			开户银行	中国工商银行济南工业南路支行
增值税税率或征收率		增值税税额	￥45212.39	主管税务机关及代码	济南税务局
不含税价	3763477561623			吨位	3	限乘人数	7

销货单位盖章　　　　　　　　　　开票人 王兰兰　　　　　　　　　注：一车一票

国税印106/7.2010.08.200000份 中瑞印业有限公司承印

图6-1　机动车统一发票

（四）教学组织

本模块的教学关键是技能的训练，基于振达公司2019年4月份购置车辆情况，以及对车辆购置税计算方法的理解，逐步展开任务，由学生独立完成振达公司2019年4月份车辆购置税应纳税额的计算。由教师先行讲解车辆购置税的计算方法，学生以4~6人为一个小组进行讨论。让学生在执行的过程中，熟悉该计算方法，完成车辆购置税的计算。各小组进行展示汇报，加强学生团结协作意识，教师进行总结点评。最后环节是师生共同将本节课的知识点进行归纳，尤其是车辆购置税的计算方法，此项由学生通过实践后再总结出，以加深学生印象。

（五）教学过程

阶段	项目教学过程		学生学的活动	教师教的活动
1	项目引入	项目描述	1. 接受任务，形成小组 2. 理解学习目标，完成车辆购置税的计算	1. 展示振达公司2019年4月份的车辆购置情况 2. 根据车辆购置税的计算方法，完成振达公司2019年4月车辆购置税应纳税额的计算，做到准确无误

阶段	项目教学过程		学生学的活动	教师教的活动
1	项目引入	知识准备	1. 能熟知车辆购置税的纳税范围和税率 2. 能记住车辆购置税的计算方法	解释性讲解车辆购置税的纳税范围、税率和计算方法
		任务定位	1. 查询车辆购置税的征税范围和税率 2. 梳理相关概念 3. 完成振达公司2019年4月份车辆购置税的计算	1. 发放"项目六模块五：车辆购置税计算"任务操作单、学生工作页 2. 示范车辆购置税的计算 3. 在学生完成任务过程中，指出学生出现的错误；在学生进行咨询时，给予指导和帮助 4. 归纳性讲解学生在进行车辆购置税计算的任务实践过程中存在的共性问题 5. 确认所有学生明确任务并进入了工作者角色
2	项目实施	确定计税方法	1. 小组查看振达公司2019年4月份的车辆购置情况 2. 小组确定振达公司车辆购置税的计算方法	1. 描述性讲解车辆购置税计算方法 2. 对学生关于车辆购置税应纳税额计算方法的认定进行评价
		确定计税依据	1. 观察与理解车辆购置税征税范围，确定计税依据 2. 按照振达公司2019年4月份车辆购置情况，确定公司2019年4月份车辆购置税的计税依据	1. 展示确定车辆购置税计税依据的范例 2. 逐一指导学生完成任务，纠正存在的错误
		计算应纳税额	1. 确定振达公司车辆购置税的适用税率 2. 小组提出疑问 3. 计算振达公司2019年4月份车辆购置税的应纳税额	1. 描述性讲解车辆购置税应纳税额的计算公式 2. 组织具有代表性的小组阐述车辆购置税的计算方法 3. 对学生遇到的问题逐一进行解答 4. 对存在的问题进行讲解，并对小组完成情况形成评价

续 表

阶段	项目教学过程	学生学的活动	教师教的活动
3	项目总结	项目展示与总体评价	1. 小组完成振达公司2019年4月份车辆购置税的计算 2. 评价其他小组的优点与不足，提高对车辆购置税计算的理解	1. 组织学生展示各组或各人的最终结果 2. 组织学生对最终结果进行互评，通过发现他人的问题，提高学生对车辆购置税计算的理解
		项目学习小结	积极归纳车辆购置税的计算方法	引导学生自我归纳车辆购置税的计算方法

（六）技能评价

序号	技能	评判结果	
		是	否
1	能判断车辆购置税的征税范围和对应税率		
2	能完成车辆购置税应纳税额的计算		

二、任务操作单

任务操作单

工作任务：车辆购置税计税依据

注意事项：车辆购置税以应税车辆为课税对象，应税车辆的价格即计税价格就成为车辆购置税的计税依据。由于应税车辆购置来源的不同，发生的应税行为不同，计税价格的组成也就不一样。

	如果	那么		备注
		类型判定	处理	
1	纳税人购买自用应税车辆			P—D
2	纳税人进口自用应税车辆			P—D
3	纳税人自产、受赠、获奖和其他方式取得并自用应税车辆			P—D

三、学生工作页

学生工作页

任务名称：车辆购置税计算

一、工作目标（完成工作最终要达到的成果的形式）

　　根据振达公司2019年4月份购置车辆情况，利用车辆购置税应纳税额的计算公式，完成振达公司2019年4月份车辆购置税的计算。

二、工作实施（过程步骤、技术参数、要领等）

（一）布置任务，查看振达公司2019年4月份购置车辆情况

图6-1　机动车统一发票

（二）车辆购置税的征税范围

（1）汽车

（2）摩托车

（3）电车

（4）挂车

（5）农用运输车

（三）税率及计税依据

车辆购置税实行统一的比例税率，税率为10%。

（1）购买自用应税车辆，计税依据为 _____

续表

（2）进口自用应税车辆，以组成计税价格为计税依据。

计算公式为 _____

（3）其他自用应税车辆

_____

（四）应纳税额的计算公式

应纳税额= _____

（五）计算振达公司应缴纳的车辆购置税

_____

_____

三、工作反思（检验评价、总结拓展等）

1. 代表小组展示车辆购置税计算方法。

2. 师生共同评价结果。

3. 选出优胜小组并予以鼓励。

4. 总结本次模块学习内容，学生代表谈体会。

模块六 车辆购置税纳税申报

一、教学设计

（一）模块描述

根据振达公司2019年4月份购置车辆情况，利用车辆购置税纳税申报流程，完成振达公司2019年4月份车辆购置税的纳税申报。

表6-3 车辆购置税纳税申报表

填表日期： 年 月 日　　　行业代码：　　　注册类型代码：

纳税人名称：　　　　　　　　　　　　　　金额单位：元

纳税人证件名称			证件号码	
联系电话		邮政编码		地址	
车辆基本情况					
车辆类别	1. 汽车□； 2. 摩托车□； 3. 电车□； 4. 挂车□； 5. 农用运输车□				

续 表

生产企业名称			厂牌型号	
车辆识别代号（车架号码）			发动机号码	

车辆购置信息				
机动车销售统一发票（或有效凭证）号码		机动车销售统一发票（或有效凭证）价格		价外费用
关税完税价格		关税		消费税
购置日期		免（减）税条件		

申报计税价格	计税价格	税率	应纳税额	免（减）税额	实纳税额
		10%			

申报人声明	授权声明
此纳税申报表是根据《中华人民共和国车辆购置税暂行条例》《车辆购置税征收管理办法》的规定填报的，是真实、可靠、完整的。 声明人（签名或盖章）：	如果您已委托代理人办理申报，请填写以下资料： 　　为代理车辆购置税涉税事宜，现授权（　　）为本纳税人的代理申报人，任何与本申报表有关的往来文件，都可交予此人。 授权人（签名或盖章）：

纳税人签名或盖章	如委托代理人的，代理人应填写以下各栏		代理人（签名或盖章）
	代理人名称		
	经办人		
	经办人证件名称		
	经办人证件号码		

接收人： 接收日期：	主管税务机关（章）：

备注：

（二）教学目标

◎ 能正确地填写车辆购置税申报表。

◎ 能完成振达公司车辆购置税纳税申报与税款缴纳。

（三）教学资源

◎ 多媒体PPT课件　实物投影仪　任务操作单　学生工作页

◎ 振达公司经济业务内容

◎ 企业纳税申报系统

◎ 学生自带工具：财会专用笔　计算器

（四）教学组织

本模块的教学关键是技能的训练，基于振达公司2019年4月份购置车辆情况，以及对车辆购置税纳税申报表填写方法的理解，逐步展开任务，由学生独立填制纳税申报表，完成振达公司2019年4月份车辆购置税纳税申报。由教师先行讲解车辆购置税的纳税申报方法，学生以4~6人为一个小组进行讨论。让学生在执行的过程中，熟悉该方法，并能根据车辆购置税征收管理办法填写车辆购置税纳税申报表，完成车辆购置税的纳税申报。各小组进行展示汇报，加强学生团结协作意识，教师进行总结点评。最后环节是师生共同将本节课的知识点进行归纳，尤其是车辆购置税的纳税申报流程，此项由学生通过实践后再总结出，以加深学生印象。

（五）教学过程

阶段	项目教学过程		学生学的活动	教师教的活动
1	项目引入	项目描述	1. 接受任务，形成小组 2. 理解学习目标，完成车辆购置税纳税申报	1. 展示振达公司2019年4月份的经济业务内容 2. 根据车辆购置税的纳税申报方法，完成振达公司2019年4月份车辆购置税的纳税申报，做到准确无误
		知识准备	1. 能熟知车辆购置税的纳税范围和税率 2. 能理解车辆购置税纳税申报表的填写方法和车辆购置税的纳税申报流程	1. 解释性讲解车辆购置税的纳税范围、税率和计算方法 2. 解释性讲解车辆购置税纳税申报流程
		任务定位	1. 查询车辆购置税的征税范围和税率	1. 发放"项目六模块六：车辆购置税纳税申报"任务操作单、学生工作页 2. 示范车辆购置税纳税申报

阶段	项目教学过程		学生学的活动	教师教的活动
1	项目引入	任务定位	2. 梳理相关概念 3. 完成振达公司2019年4月份车辆购置税的纳税申报	3. 在学生完成任务过程中，指出学生出现的错误；在学生进行咨询时，给予指导和帮助 4. 归纳性讲解学生在进行车辆购置税的纳税申报任务实践过程中存在的共性问题 5. 确认所有学生明确任务并进入了工作者角色
2	项目实施	确定纳税申报流程	1. 小组查看振达公司2019年4月份的经济业务内容 2. 小组理解车辆购置税纳税申报的工作流程	1. 描述性讲解车辆购置税纳税申报的工作流程 2. 对学生关于车辆购置税纳税申报方法的认定进行评价
		填写纳税申报表	1. 查询车辆购置税相关征收管理及相关优惠政策 2. 按照所计算的车辆购置税应纳税额，填写振达公司2019年4月份的车辆购置税纳税申报表	1. 引导学生填写车辆购置税纳税申报表 2. 对学生遇到的问题逐一进行解答 3. 对存在的问题进行讲解，并对小组完成情况形成评价
		完成纳税申报	1. 登录网上纳税申报系统完成网上纳税申报 2. 在完成任务过程中，领悟团队协作意识、依法纳税意识	1. 引导学生完成振达公司2019年4月份车辆购置税的网上纳税申报 2. 对学生遇到的问题逐一进行解答 3. 对存在的问题进行讲解，并对小组完成情况形成评价 4. 在任务完成基础上，规定性讲解要求学生发展的团队合作意识、依法纳税意识等职业素养；通过对任务完成过程的观察，判断学生职业素养的发展状态
3	项目总结	项目展示与总体评价	1. 小组完成振达公司2019年4月份车辆购置税的纳税申报 2. 评价其他小组的优点与不足，提高对车辆购置税纳税申报流程的理解	1. 组织学生展示各组或各人的最终结果 2. 组织学生对最终结果进行互评，通过发现他人的问题，提高学生对车辆购置税纳税申报流程的理解

阶段	项目教学过程		学生学的活动	教师教的活动
3	项目总结	项目学习小结	积极归纳车辆购置税的纳税申报流程	引导学生自我归纳车辆购置税的纳税申报流程

（六）技能评价

序号	技能	评判结果	
		是	否
1	能准确填写车辆购置税纳税申报表		
2	能完成车辆购置税网上纳税申报		

二、任务操作单

任务操作单

工作任务：车辆购置税纳税申报表的填制

注意事项：车辆购置税纳税人应按有关规定及时办理纳税申报，并如实填写车辆购置税纳税申报表，同时提供相关资料的原件和复印件。本表由车辆购置税纳税人（或代理人）在办理纳税申请时填写。

	编制项目	编制方法	编制标准	备注
1	纳税人名称	填写车主名称	填写准确无误	C-E
2	纳税人证件名称	1. 单位车辆填写"组织机构代码证书" 2. 个人车辆填写"居民身份证"或其他身份证明名称	填写准确无误	C-E
3	证件号码	填写组织机构代码证书、居民身份证及其他身份证件的号码	填写准确无误	C-E
4	车辆类型	在表中所列项目中画"√"	填写准确无误	C-E
5	生产企业名称	国产车辆填写国内生产企业名称；进口车辆填写国外生产企业名称	填写准确无误	C-E

续 表

	编制项目	编制方法	编制标准	备注
6	购置日期	填写机动车销售统一发票上注明的日期	填写准确无误	C-E
7	机动车销售统一发票价格	填写机动车销售统一发票上注明的价费合计全额	填写准确无误	P-M
8	应纳税额	应纳税额=计税价格×税率	填写准确无误	P-M

三、学生工作页

学生工作页

任务名称： 车辆购置税纳税申报

一、工作目标（完成工作最终要达到的成果的形式）

根据振达公司2019年4月份购置车辆情况，利用车辆购置税纳税申报流程，完成振达公司2019年4月份车辆购置税的纳税申报。

二、工作实施（过程步骤、技术参数、要领等）

（一）车辆购置税的征收管理

车辆购置税的征税环节为使用环节，即最终消费环节。

购置应税车辆，应当向车辆登记注册地的主管国税机关申报纳税。

纳税人购买自用的应税车辆，自购买之日起60日内申报纳税；进口的，应当自_____申报纳税；自产、受赠、获奖和以其他方式取得并自用的应税车辆，应当自_____纳税申报。

（二）填写纳税申报表

表6-3　车辆购置税纳税申报表

填表日期：　　年　　月　　日　　　　行业代码：　　　　　注册类型代码：

纳税人名称：　　　　　　　　　　　　　　　　　　金额单位：元

纳税人证件名称			证件号码	
联系电话		邮政编码		地址
车辆基本情况				
车辆类别	1.汽车□；2.摩托车□；3.电车□；4.挂车□；5.农用运输车□			

续 表

生产企业名称		厂牌型号	
车辆识别代号（车架号码）		发动机号码	
车辆购置信息			

机动车销售统一发票（或有效凭证）号码		机动车销售统一发票（或有效凭证）价格		价外费用	
关税完税价格		关税		消费税	
购置日期		免（减）税条件			

申报计价价格	计税价格	税率	应纳税额	免（减）税额	实纳税额
		10%			

申报人声明	授权声明
此纳税申报表是根据《中华人民共和国车辆购置税暂行条例》《车辆购置税征收管理办法》的规定填报的，是真实、可靠、完整的。 声明人（签名或盖章）：	如果您已委托代理人办理申报，请填写以下资料： 　　为代理车辆购置税涉税事宜，现授权（　　）为本纳税人的代理申报人，任何与本申报表有关的往来文件，都可交予此人。 授权人（签名或盖章）：

纳税人签名或盖章	如委托代理人的，代理人应填写以下各栏		代理人（签名或盖章）
	代理人名称		
	经办人		
	经办人证件名称		
	经办人证件号码		

接收人： 接收日期：	主管税务机关（章）：
备注：	

续表

（三）登录网上纳税申报系统，完成振达公司的纳税申报
三、工作反思（检验评价、总结拓展等）
1. 代表小组展示纳税申报流程。 2. 师生共同评价结果。 3. 选出优胜小组并予以鼓励。 4. 总结本模块学习内容，学生代表谈体会。

模块七　资源税计算

一、教学设计

（一）模块描述

根据信义公司2019年4月份的经济业务内容及单据（增值税专用发票），利用资源税应纳税额的计算公式，完成信义公司2019年4月份资源税的计算。

图6-2　业务单据

（二）教学目标

◎ 能判断资源税的征税范围及税率。

◎ 能完成资源税的计算。

◎ 能合理运用国家资源税的税收优惠政策。

（三）教学资源

◎ 多媒体PPT课件 实物投影仪 任务操作单 学生工作页

◎ 信义公司经济业务内容

◎ 学生自带工具：财会专用笔 计算器

（四）教学组织

本模块的教学关键是技能的训练，基于信义公司2019年4月份的经济业务内容，以及对资源税计算方法的理解，逐步展开任务，由学生独立完成信义公司2019年4月份资源税应纳税额的计算。由教师先行讲解资源税的计算方法，学生以4～6人为一个小组进行讨论，让学生在执行的过程中，熟悉该计算方法，完成资源税的计算。各小组进行展示汇报，加强学生团结协作意识，教师进行总结点评。最后环节是师生共同将本节课的知识点进行归纳，尤其是资源税的计算方法，此项由学生通过实践后再总结出，以加深学生印象。

（五）教学过程

阶段	项目教学过程		学生学的活动	教师教的活动
1	项目引入	项目描述	1. 接受任务，形成小组 2. 理解学习目标，完成资源税的计算	1. 展示信义公司2019年4月份的经济业务内容 2. 根据资源税的计算方法，完成信义公司2019年4月份资源税应纳税额的计算，做到准确无误
		知识准备	1. 能熟知资源税的纳税范围和税率 2. 能记住资源税的计算方法	解释性讲解资源税的纳税范围、税率和计算方法
		任务定位	1. 查询资源税的征税范围和税率 2. 梳理相关概念 3. 完成信义公司2019年4月份资源税的计算	1. 发放"项目六模块七：资源税计算"任务操作单、学生工作页 2. 示范资源税的计算与纳税申报 3. 在学生完成任务过程中，指出学生出现的错误；在学生进行咨询时，给予指导和帮助

续 表

阶段	项目教学过程		学生学的活动	教师教的活动
1	项目引入	任务定位		4. 归纳性讲解学生在进行资源税计算的任务实践过程中存在的共性问题 5. 确认所有学生明确任务并进入了工作者角色
2	项目实施	确定计税方法	1. 小组查看信义公司2019年4月份的经济业务内容 2. 小组确定信义公司资源税的计算方法	1. 描述性讲解资源税计算方法 2. 对学生关于资源税应纳税额计算方法的认定进行评价
		确定计税依据	1. 观察与理解资源税征税范围，确定计税依据 2. 按照信义公司2019年4月份的经济业务内容，确定公司2019年4月份资源税的计税依据	1. 展示确定资源税计税依据的范例 2. 逐一指导学生完成任务，纠正存在的错误
		计算应纳税额	1. 确定信义公司资源税的适用税率 2. 小组提出疑问 3. 计算信义公司2019年4月份资源税的应纳税额	1. 描述性讲解资源税应纳税额的计算公式 2. 组织具有代表性的小组阐述资源税的计算方法 3. 对学生遇到的问题逐一进行解答 4. 对存在的问题进行讲解，并对小组完成情况形成评价
3	项目总结	项目展示与总体评价	1. 小组完成信义公司2019年4月份资源税的计算 2. 评价其他小组的优点与不足，提高对资源税计算方法的理解	1. 组织学生展示各组或各人的最终结果 2. 组织学生对最终结果进行互评，通过发现他人的问题，提高学生对资源税计算方法的理解
		项目学习小结	积极归纳资源税的计算方法	引导学生自我归纳资源税的计算方法

（六）技能评价

序号	技能	评判结果	
		是	否
1	能确定资源税的计税依据		
2	能正确计算资源税的应纳税额		

二、任务操作单

任务操作单

工作任务： 资源税应纳税额的计算

注意事项： 资源税通常分产品类别以从量定额计征或者从价定率计征，要根据税目的不同，选择不同的计算方法。

	如果	那么		备注
		类型判定	处理	
1	税目为原油、天然气			P–D P–E C–E P–D
2	税目为煤炭、其他非金属矿原矿、黑色金属矿原矿、有色金属矿原矿、盐			C–E C–E P–D

三、学生工作页

学生工作页

任务名称：资源税计算

一、工作目标（完成工作最终要达到的成果的形式）

根据信义公司2019年4月份的经济业务内容及单据（增值税专用发票），利用资源税应纳税额的计算公式和纳税申报流程，完成信义公司2019年4月份资源税的计算。

二、工作实施（过程步骤、技术参数、要领等）

（一）布置任务，查看振达公司2019年4月份的经济业务内容及单据

图6-2　业务单据

（二）资源税的纳税义务人和扣缴义务人

（1）纳税义务人是指 _____

（2）扣缴义务人是指 _____

（三）税目及税率

表6-4　资源税税目税率幅度表

序号		税目	征税对象	税率幅度
1	金属	铁矿	精矿	1%～6%

续 表

序号		税目	征税对象	税率幅度
2	金属	金矿	金锭	1%～4%
3		铜矿	精矿	2%～8%
4		铝土矿	原矿	3%～9%
5		铅锌矿	精矿	2%～6%
6		镍矿	精矿	2%～6%
7		锡矿	精矿	2%～6%
8		未列举名称的其他金属矿产品	原矿或精矿	税率不超过20%
9	非金属矿	石墨	精矿	3%～10%
10		硅藻土	精矿	1%～6%
11		高岭土	原矿	1%～6%
12		萤石	精矿	1%～6%
13		石灰石	原矿	1%～6%
14		硫铁矿	精矿	1%～6%
15		磷矿	原矿	3%～8%
16		氯化钾	精矿	3%～8%
17		硫酸钾	精矿	6%～12%
18		井矿盐	氯化钠初级产品	1%～6%
19		湖盐	氯化钠初级产品	1%～6%
20		提取地下卤水晒制的盐	氯化钠初级产品	3%～15%
21		煤层（成）气	原矿	1%～2%
22		粘土、砂石	原矿	每吨或立方米0.1元～5元
23		未列举名称的其他非金属矿产品	原矿或精矿	从量税率每吨或立方米不超过30元；从价税率不超过20%

序号	税目	征税对象	税率幅度
24	海盐	氯化钠初级产品	1%～5%
25	原油		6%～10%
26	天然气		6%～10%
27	煤炭		2%～10%

（四）应纳税额的计算公式

（1）从价定率征收的计税依据为 _____

（2）从量定额征收的计税依据为 _____

（3）应纳税额的计算

应纳税额＝ _____

（五）计算信义公司应缴纳的资源税

_____

_____

_____

三、工作反思（检验评价、总结拓展等）

1.代表小组展示车辆购置税计算方法。

2.师生共同评价结果。

3.选出优胜小组并予以鼓励。

4.总结本模块学习内容，学生代表谈体会。

模块八　资源税纳税申报

一、教学设计

（一）模块描述

根据信义公司2019年4月份的经济业务内容及单据（增值税专用发票），利用资源税纳税申报流程，完成信义公司2019年4月份资源税的纳税申报。

表6-5 资源税纳税申报表

纳税人识别号

纳税人名称：（公章）

税款所属期限：自　　年 月 日至　　年 月　日

填表日期：　　年 月　日　　　　　　　　　　　金额单位：元（列至角分）

产品名称	课税单位	课税数量	单位税额	本期应纳税额	本期已纳税额	本期应补（退）税额	备注
1	2	3	4	5＝3×4	6	7＝5-6	
应纳税项目							
减免税项目							

续 表

纳税人或代理人声明： 此纳税申报表是根据国家税收法律的规定填报的，我确信它是真实的、可靠的、完整的。	如纳税人填报，由纳税人填写以下各栏					
	经办人 （签章）		会计主管 （签章）		法定代表人 （签章）	
	如委托代理人填报，由代理人填写以下各栏					
	代理人名称				代理人（公章）	
	经办人（签章）					
	联系电话					
以下由税务机关填写						
受理人		受理日期		受理税务机关 （签章）		

（二）教学目标

◎ 能正确地填写资源税申报表

◎ 能完成信义公司资源税纳税申报与税款缴纳

（三）教学资源

◎ 多媒体PPT课件　实物投影仪　任务操作单　学生工作页

◎ 信义公司经济业务内容

◎ 企业纳税申报系统

◎ 学生自带工具：财会专用笔　计算器

（四）教学组织

本模块的教学关键是技能的训练，基于信义公司2019年4月份的经济业务内容，以及对资源税纳税申报表填写方法的理解，逐步展开任务，由学生独立填制纳税申报表，完成信义公司2019年4月份资源税的纳税申报。由教师先行讲解资源税的纳税申报方法，学生以4~6人为一个小组进行讨论。让学生在执行的过程中，熟悉该方法，并能根据资源税征收管理办法填写资源税纳税申报表，完成资源税的纳税申报。各小组进行展示汇报，加强学生团结协作意识，教师进行总结点评。最后环节是师生共同将本节课的知识点进行归纳，尤其是资源税的纳税申报流程，此项由学生通过实践后再总结出，以加深学生印象。

（五）教学过程

阶段	项目教学过程		学生学的活动	教师教的活动
1	项目引入	项目描述	1. 接受任务，形成小组 2. 理解学习目标，完成资源税纳税申报	1. 展示信义公司2019年4月份的经济业务内容 2. 根据资源税的计算方法，完成信义公司2019年4月份资源税的纳税申报，做到准确无误
		知识准备	1. 能熟知资源税的纳税范围和税率 2. 能理解资源税的纳税申报表的填写方法和纳税申报	1. 解释性讲解资源税的纳税范围、税率和计算方法 2. 解释性讲解资源税纳税申报流程
		任务定位	1. 查询资源税的征税范围和税率 2. 梳理相关概念 3. 完成信义公司2019年4月份资源税的纳税申报	1. 发放"项目六模块八：资源税纳税申报"任务操作单、学生工作页 2. 示范资源税纳税申报 3. 在学生完成任务过程中，指出学生出现的错误；在学生进行咨询时，给予指导和帮助 4. 归纳性讲解学生在进行资源税计算的任务实践过程中存在的共性问题 5. 确认所有学生明确任务并进入了工作者角色
2	项目实施	确定纳税申报流程	1. 小组查看信义公司2019年4月份的经济业务内容 2. 小组理解资源税的纳税申报流程	1. 描述性讲解资源税纳税申报的工作流程 2. 对学生关于资源税应纳税额纳税申报方法的认定进行评价
		填写纳税申报表	1. 查询资源税相关征收管理及相关优惠政策 2. 根据计算的资源税应纳税额，填写信义公司2019年4月份的资源税纳税申报表	1. 引导学生填写资源税纳税申报表 2. 对学生遇到的问题逐一进行解答 3. 对存在的问题进行讲解，并对小组完成情况形成评价

阶段	项目教学过程	学生学的活动	教师教的活动
2	项目实施	完成纳税申报	1. 登录网上纳税申报系统完成网上纳税申报 2. 在完成任务过程中，领悟团队协作意识、依法纳税意识	1. 引导学生完成信义公司2019年4月份资源税网上纳税申报 2. 对学生遇到的问题逐一进行解答 3. 对存在的问题进行讲解，并对小组完成情况形成评价 4. 在任务完成基础上，规定性讲解要求学生发展的团队合作意识、依法纳税意识等职业素养；通过对任务完成过程的观察，判断学生职业素养的发展状态
3	项目总结	项目展示与总体评价	1. 小组完成信义公司2019年4月份资源税的纳税申报 2. 评价其他小组的优点与不足，提高对资源税纳税申报流程的理解	1. 组织学生展示各组或各人的最终成果 2. 组织学生对最终成果进行互评，通过发现他人的问题，提高学生对资源税纳税申报流程的理解
		项目学习小结	积极归纳资源税的纳税申报流程	引导学生自我归纳资源税的纳税申报流程

（六）技能评价

序号	技能	评判结果	
		是	否
1	能准确填写资源税纳税申报表		
2	能完成资源税网上纳税申报		

二、任务操作单

任务操作单

工作任务：确定资源税纳税义务发生时间

注意事项：资源税的纳税义务发生时间要分情况确定。

	如果	那么		备注
		类型判定	处理	
1	分期收款方式			P–D
2	预收货款结算方式			C–E
3	自产自用应税产品			P–D
4	代扣代缴税款			P–D

三、学生工作页

学生工作页

任务名称：资源税纳税申报

一、工作目标（完成工作最终要达到的成果的形式）

根据信义公司2019年4月份的经济业务内容及单据（增值税专用发票），利用资源税纳税申报流程，完成信义公司2019年4月份资源税的纳税申报。

二、工作实施（过程步骤、技术参数、要领等）

（一）资源税的征收管理

（1）纳税义务发生时间

分期收款结算方式的，_____

预收货款结算方式的，_____

采取其他结算方式的，_____

（2）纳税期限

资源税的纳税期限为1日、3日、5日、10日、15日或者1个月。

（3）纳税地点

_____

_____

_____

（二）填写纳税申报表

表6-5　资源税纳税申报表

纳税人识别号

纳税人名称：（公章）

税款所属期限：自　　年　月　日至　　年　月　日

填表日期：　　年　月　日　　　　　　　　　　　　金额单位：元（列至角分）

产品名称	课税单位	课税数量	单位税额	本期应纳税额	本期已纳税额	本期应补（退）税额	备注
1	2	3	4	5＝3×4	6	7＝5-6	
应纳税项目							
减免税项目							

	如纳税人填报，由纳税人填写以下各栏				
纳税人或代理人声明：　　此纳税申报表是根据国家税收法律的规定填报的，我确信它是真实的、可靠的、完整的。	经办人（签章）		会计主管（签章）		法定代表人（签章）
	如委托代理人填报，由代理人填写以下各栏				
	代理人名称			代理人（公章）	
	经办人（签章）				
	联系电话				

以下由税务机关填写				
受理人		受理日期		受理税务机关（签章）

续 表

（三）登录网上纳税申报系统，完成信义公司的纳税申报
三、工作反思（检验评价、总结拓展等）
1.代表小组展示资源税纳税申报流程。 　2.师生共同评价结果。 　3.选出优胜小组并予以鼓励。 　4.总结本模块学习内容，学生代表谈体会。

模块九　城镇土地使用税计算

一、教学设计

（一）模块描述

　　根据全福元百货2016年的国有土地使用情况，利用城镇土地使用税应纳税额的计算公式，完成全福元百货2016年城镇土地使用税的计算。

　　案例：全福元百货使用土地的面积为100平方米，已经政府测量确定。假设该土地每平方米税额为10元，计算该企业全年应纳的城镇土地使用税。

（二）教学目标

　◎ 能判断城镇土地使用税的征税范围及税率。

　◎ 能完成城镇土地使用税的计算。

　◎ 能合理运用国家城镇土地使用税的税收优惠政策。

（三）教学资源

　◎ 多媒体PPT课件　实物投影仪　任务操作单　学生工作页

　◎ 全福元百货国有土地使用情况

　◎ 学生自带工具：财会专用笔　计算器

（四）教学组织

　　本模块的教学关键是技能的训练，基于全福元百货2016年国有土地使用情况，以及对城镇土地使用税计算方法的理解，逐步展开任务，由学生独立完成全福元百货2016年城镇土地使用税应纳税额的计算。由教师先行讲解城镇土地使用税的计算方法，学生以4～6人为一个小组进行讨论。让学生在执行的过程中，熟悉该计算方法，完成城镇土地使用税的计算。各小组进行展示汇报，加强学生团结协作意识，教师进行总结点评。最后环节是师生共同将本节课的知识点进行归纳，尤其是城镇土地使用税的计算方法，此项由学生通过实践后再总结出，以加深学生印象。

（五）教学过程

阶段	项目教学过程		学生学的活动	教师教的活动
1	项目引入	项目描述	1. 接受任务，形成小组 2. 理解学习目标，完成城镇土地使用税的计算	1. 展示全福元百货2016年的国有土地使用情况 2. 根据城镇土地使用税的计算方法，完成全福元百货2016年城镇土地使用税应纳税额的计算，做到准确无误
		知识准备	1. 能熟知城镇土地使用税的纳税范围和税率 2. 能记住城镇土地使用税的计算方法	解释性讲解城镇土地使用税的纳税范围、税率和计算方法
		任务定位	1. 查询城镇土地使用税的征税范围和税率 2. 梳理相关概念 3. 完成全福元百货城镇土地使用税的计算	1. 发放"项目六模块九：城镇土地使用税计算"任务操作单、学生工作页 2. 示范城镇土地使用税的计算与纳税申报 3. 在学生完成任务过程中，指出学生出现的错误；在学生进行咨询时，给予指导和帮助 4. 归纳性讲解学生在进行城镇土地使用税计算与纳税申报任务实践过程中存在的共性问题 5. 确认所有学生明确任务并进入了工作者角色
2	项目实施	确定计税方法	1. 小组查看全福元百货土地使用情况 2. 小组确定全福元百货城镇土地使用税的计算方法	1. 描述性讲解城镇土地使用税与纳税计算方法 2. 对学生关于城镇土地使用税应纳税额计算方法的认定进行评价

阶段	项目教学过程		学生学的活动	教师教的活动
2	项目实施	确定计税依据	1. 观察与理解城镇土地使用税征税范围，确定计税依据 2. 按照全福元百货土地使用情况，确定公司计税依据	1. 展示确定城镇土地使用税计税依据的范例 2. 逐一指导学生完成任务，纠正存在的错误
		计算应纳税额	1. 确定全福元百货城镇土地使用税适用税率 2. 小组提出疑问 3. 计算全福元百货城镇土地使用税应纳税额	1. 描述性讲解城镇土地使用税应纳税额的计算公式 2. 组织具有代表性的小组阐述城镇土地使用税的计算方法 3. 对学生遇到的问题逐一进行解答 4. 对存在的问题进行讲解，并对小组完成情况形成评价
3	项目总结	项目展示与总体评价	1. 小组完成全福元百货城镇土地使用税的计算 2. 评价其他小组的优点与不足，提高对城镇土地使用税计算方法的理解	1. 组织学生展示各组或各人的最终成果 2. 组织学生对最终成果进行互评，通过发现他人的问题，提高学生对城镇土地使用税计算方法的理解
		项目学习小结	积极归纳城镇土地使用税的计算方法	引导学生自我归纳城镇土地使用税的计算方法

（六）技能评价

序号	技能	评判结果	
		是	否
1	能确定城镇土地使用税的计税依据		
2	能正确计算城镇土地使用税的应纳税额		

二、任务操作单

任务操作单

工作任务：城镇土地使用税的计算

注意事项：城镇土地使用税是按照国有土地来计算的，并按年缴纳。

	步骤	操作方法与说明	质量	备注
1	确定计税依据	1. 计税依据为纳税人实际占用的土地面积 2. 土地面积的计量标准为平方米 3. 纳税人实际占用的土地面积一般由省、自治区、直辖市人民政府确定的单位组织测定，以测定的面积为准	计算结果正确无误	C-M C-M C-M
2	确定税额	查找适用的税额	税额查找无误	C-E
3	计算应纳税额	根据计税依据及税额计算公式，计算城镇土地使用税。应纳税额=实际占用的应税土地面积（平方米）×适用税额	计算结果正确无误	P-D

三、学生工作页

学生工作页

任务名称：城镇土地使用税计算

一、工作目标（完成工作最终要达到的成果的形式）

根据全福元百货2016年的国有土地使用情况，利用城镇土地使用税应纳税额的计算公式，完成全福元百货2016年城镇土地使用税的计算。

案例：全福元百货使用土地的面积为100平方米，已经政府测量确定。假设该土地每平方米税额为10元，计算该企业全年应纳的土地使用税。

续 表

二、工作实施（过程步骤、技术参数、要领等）

（一）布置任务，查看全福元百货2016年的国有土地使用情况

（二）资源税的纳税义务人

资源税的纳税义务人是指_____

（三）征税范围

包括城市、县城、建制镇和工矿区使用的土地。

（四）税率

城镇土地使用税实行定额税率。

表6-6 城镇土地使用税税率表

级别	人口（人）	每平方米税额（元）
大城市	50万以上	1.5～30
中等城市	20万～50万	1.2～24
小城市	20万以下	0.9～18
县城、建制镇、工矿区		0.6～12

（五）应纳税额的计算公式

应纳税额＝_____

[例6-3] 设在某城市的一家企业使用土地面积为10 000平方米，经税务机关核定，该土地为应税土地，每平方米年税额为4元。计算其全年应纳的土地使用税税额。

_____

_____

_____

（六）计算全福元百货应缴纳的城镇土地使用税

三、工作反思（检验评价、总结拓展等）

1.代表小组展示城镇土地使用税计算方法。

2.师生共同评价结果。

3.选出优胜小组并予以鼓励。

4.总结本模块学习内容，学生代表谈体会。

模块十　城镇土地使用税纳税申报

一、教学设计

（一）模块描述

根据全福元百货2016年的国有土地使用情况，利用城镇土地使用税纳税申报流程，完成全福元百货2016年城镇土地使用税的纳税申报。

（二）教学目标

◎ 能正确地填写城镇土地使用税纳税申报表。

◎ 能完成全福元百货城镇土地使用税纳税申报与税款缴纳。

（三）教学资源

◎ 多媒体PPT课件　实物投影仪　任务操作单　学生工作页

◎ 全福元百货国有土地使用情况

◎ 企业纳税申报系统

◎ 学生自带工具：财会专用笔　计算器

（四）教学组织

本模块的教学关键是技能的训练，基于全福元百货2016年的国有土地使用情况，以及对城镇土地使用税纳税申报表填写方法的理解，逐步展开任务，由学生独立填制纳税申报表，完成全福元百货2016年城镇土地使用税纳税申报。由教师先行讲解城镇土地使用税的纳税申报方法，学生以4～6人为一个小组进行讨论。让学生在执行的过程中，熟悉该方法，并能根据城镇土地使用税征收管理办法填写城镇土地使用税纳税申报表，完成城镇土地使用税的纳税申报。各小组进行展示汇报，加强学生团结协作意识，教师进行总结点评。最后环节是师生共同将本节课的知识点进行归纳，尤其是城镇土地使用税的纳税申报流程，此项由学生通过实践后再总结出，以加深学生印象。

（五）教学过程

阶段	项目教学过程		学生学的活动	教师教的活动
1	项目引入	项目描述	1. 接受任务，形成小组 2. 理解学习目标，完成城镇土地使用税的纳税申报	1. 展示全福元百货2016年的国有土地使用情况 2. 根据城镇土地使用税的申报方法，完成全福元百货2016年

表6-7　城镇土地使用税纳税申报表

计算单位：元、平方米、元/平方米

纳税人名称		纳税编码		身份证号码（个人）组织机构代码（单位）			电话	
		主管税务机关						

房地产证号	房地产位置	税款所属时期	房地产名称	实际占用土地面积	法定免税面积	应税面积	土地等级	适用税额	年税额	本期应缴税额	本期减免税额	本期实缴税额
合计												

申报人声明：本人对所提交的文件、证件以及填写内容的真实性、有效性和合法性承担责任，如有虚假填报内容，申报人依法承担相关责任。
法定代表人（自然人申报人）签名（盖章）：
年　月　日

授权声明：现授权_____为本申报人本次申报事项的代理人，电话_____，若采取邮寄等方式送达申报有关文书文件，请寄给下列收件人：□申报人；□代理人。委托代理合同编号：
授权人（法定代表人、自然人申报人）签名（盖章）：
年　月　日

代理人声明：本申报事项根据国家税收法律法规及国家税务机关的有关规定填报，如有虚假报，代理人依法承担相关责任。
代理人（法定代表人、自然人申报人）签名（盖章）：
年　月　日

特别声明：本人同意按照税务机关登记的本申报人的房地产信息申报纳税。
法定代表人（自然人申报人）签名（盖章）：
年　月　日

受理税务机关（章）：
受理录入人：
受理录入日期：　年　月　日

阶段	项目教学过程		学生学的活动	教师教的活动
1	项目引入	项目描述		城镇土地使用税的纳税申报，做到准确无误
		知识准备	1. 能熟知城镇土地使用税的纳税范围和税率 2. 能理解城镇土地使用税纳税申报表的填写方法和城镇土地使用税纳税申报	1. 解释性讲解城镇土地使用税的纳税范围、税率和计算方法 2. 解释性讲解城镇土地使用税纳税申报流程
		任务定位	1. 查询城镇土地使用税的征税范围和税率 2. 梳理相关概念 3. 完成全福元百货城镇土地使用税的纳税申报	1. 发放"项目六模块十：城镇土地使用税纳税申报"任务操作单、学生工作页 2. 示范城镇土地使用税的纳税申报 3. 在学生完成任务过程中，指出学生出现的错误；在学生进行咨询时，给予指导和帮助 4. 归纳性讲解学生在进行城市维护建设税纳税申报过程中存在的共性问题 5. 确认所有学生明确任务并进入了工作者角色
2	项目实施	确定纳税申报流程	1. 小组查看全福元百货城镇土地使用情况 2. 小组理解城镇土地使用税的纳税申报流程	1. 描述性讲解城镇土地使用税纳税申报的工作流程 2. 对学生关于城镇土地使用税纳税申报方法的认定进行评价
		填写纳税申报表	1. 查询城镇土地使用税相关征收管理及相关优惠政策 2. 根据计算的城镇土地使用税应纳税额，填写全福元百货2016年城镇土地使用税纳税申报表	1. 引导学生填写城镇土地使用税纳税申报表 2. 对学生遇到的问题逐一进行解答 3. 对存在的问题进行讲解，并对小组完成情况形成评价

续 表

阶段	项目教学过程		学生学的活动	教师教的活动
2	项目实施	完成纳税申报	1. 登录网上纳税申报系统完成网上纳税申报 2. 在完成任务过程中，领悟团队协作意识、依法纳税意识	1. 引导学生完成全福元百货城镇土地使用税网上纳税申报 2. 对学生遇到的问题逐一进行解答 3. 对存在的问题进行讲解，并对小组完成情况形成评价 4. 在任务完成基础上，规定性讲解要求学生发展的团队合作意识、依法纳税意识等职业素养；通过对任务完成过程的观察，判断学生职业素养的发展状态
3	项目总结	项目展示与总体评价	1. 小组完成全福元百货城镇土地使用税纳税申报 2. 评价其他小组的优点与不足，提高对城镇土地使用税纳税申报流程的理解	1. 组织学生展示各组或各人的最终成果 2. 组织学生对最终成果进行互评，通过发现他人的问题，提高学生对城镇土地使用税纳税申报流程的理解
		项目学习小结	积极归纳城镇土地使用税的纳税申报流程	引导学生自我归纳城镇土地使用税的纳税申报流程

（六）技能评价

序号	技能	评判结果	
		是	否
1	能准确填写城镇土地使用税纳税申报表		
2	能完成城镇土地使用税网上纳税申报		

二、任务操作单

任务操作单

工作任务：城镇土地使用税纳税申报表的填制

注意事项：城镇土地使用税纳税人应按有关规定及时办理纳税申报，并如实填写城镇土地使用税纳税申报表。

	编制项目	编制方法	编制标准	备注
1	税款所属期限	填写格式为"某年某月—某年某月"，跨度最长不得超过半年	填写准确无误	C–E
2	应税面积	应税面积=实际占用土地面积－法定免税面积	填写准确无误	P–M
3	应税额	应税额=应税面积×使用税额	填写准确无误	P–M
4	本期应缴税额	本期应缴税额=应税面积×适用税额×（终止月份－起始月份+1）÷12	填写准确无误	P–M

三、学生工作页

学生工作页

任务名称：城镇土地使用税纳税申报

一、工作目标（完成工作最终要达到的成果的形式）

根据全福元百货2016年的国有土地使用情况，利用城镇土地使用税纳税申报流程，完成全福元百货2016年城镇土地使用税的纳税申报。

二、工作实施（过程步骤、技术参数、要领等）

（一）城镇土地使用税的征收管理

（1）纳税义务发生时间

纳税人新征用的耕地，_____

购置新建商品房，_____

房屋开发企业自用、出租、出借该企业建造的商品房，_____

（2）城镇土地使用税由土地所在地的地方税务机关征收，实行按年计算、分期缴纳的征收办法。

（二）填写纳税申报表

表6-7　城镇土地使用税纳税申报表

计算单位：元、平方米、元/平方米

纳税人名称		纳税编码		身份证号码（个人）						电话		
		主管税务机关		组织机构代码（单位）								
房地产证号	房地产位置	税款所属时期	房地产名称	实际占用土地面积	法定免税面积	应税面积	土地等级	适用税额	年税额	本期应缴税额	本期减免税额	本期实缴税额
合计												

申报人声明	本人对所提交的文件、证件以及填写内容的真实性、有效性和合法性承担责任，如有虚假内容，申报人依法承担相关责任。 法定代表人（自然人申报人）签名（盖章）： 　　年　月　日	授权人声明	现授权＿＿＿＿为本申报人本次申报事项的代理人，其法人代表＿＿＿＿＿＿，电话＿＿＿＿＿＿。若采取邮寄方式送达申报有关往来文件，请寄给下列收件人： □申报人；□代理人。 委托代理合同编号： 授权人（法定代表、自然人申报人）签名（盖章）： 　　年　月　日	代理人声明	本申报事项根据国家税收法律法规及国家、税务机关的有关规定填报，如有虚假内容，代理人依法承担相关责任。 代理人（法定代表、自然人申报人）签名（盖章）： 　　年　月　日	特别声明	本人同意按照税务机关登记的本申报人的房地产信息申报纳税。 法定代表人（自然人申报人）签名（盖章）： 　　年　月　日
受理税务机关（章）：			受理录入日期：			受理录入人：	

（三）登录网上纳税申报系统，完成全福元百货公司的纳税申报

三、工作反思（检验评价、总结拓展等）

1.代表小组展示城镇土地使用税的纳税申报流程。

2.师生共同评价结果。

3.选出优胜小组并予以鼓励。

4.总结本模块学习内容，学生代表谈体会。

模块十一 房产税计算

一、教学设计

（一）模块描述

根据宇飞有限公司2016年的房屋情况，利用房产税应纳税额的计算公式，完成宇飞有限公司2016年房产税的计算。

案例：宇飞有限公司经营性用房的房产原值为1 000 000元，按照当地政府的规定，允许减除的比例为20%，适用税率为1.2%。计算该企业应缴纳的房产税。

（二）教学目标

◎ 能判断房产税的征税范围及税率。

◎ 能完成房产税的计算。

◎ 能合理运用国家房产税的税收优惠政策。

（三）教学资源

◎ 多媒体PPT课件 实物投影仪 任务操作单 学生工作页

◎ 宇飞有限公司房屋情况

◎ 学生自带工具：财会专用笔 计算器

（四）教学组织

本模块的教学关键是技能的训练，基于宇飞有限公司2016年房屋情况，以及对房产税应纳税额计算方法的理解，逐步展开任务，由学生独立完成宇飞有限公司2016年房产税应纳税额的计算。由教师先行讲解房产税的计算方法，学生以4~6人为一个小组进行讨论。让学生在执行的过程中，熟悉该计算方法，完成房产税的计算。各小组进行展示汇报，加强学生团结协作意识，教师进行总结点评。最后环节是师生共同将本节课的知识点进行归纳，尤其是房产税的计算方法，此项由学生通过实践后再总结出，以加深学生印象。

（五）教学过程

阶段	项目教学过程		学生学的活动	教师教的活动
1	项目引入	项目描述	1. 接受任务，形成小组 2. 理解学习目标，完成房产税的计算	1. 展示宇飞有限公司2016年房屋情况 2. 根据房产税的计算方法，完成

续　表

阶段	项目教学过程		学生学的活动	教师教的活动
1	项目引入	项目描述		宇飞有限公司2016年房产税应纳税额的计算，做到准确无误
		知识准备	1. 能熟知房产税的纳税范围和税率 2. 能记住房产税的计算方法	解释性讲解房产税的纳税范围、税率和计算方法
		任务定位	1. 查询房产税的征税范围和税率 2. 梳理相关概念 3. 完成宇飞有限公司房产税的计算	1. 发放"项目六模块十一：房产税计算"任务操作单、学生工作页 2. 示范房产税的计算 3. 在学生完成任务过程中，指出学生出现的错误；在学生进行咨询时，给予指导和帮助 4. 归纳性讲解学生在进行房产税纳税申报的任务实践过程中存在的共性问题 5. 确认所有学生明确任务并进入了工作者角色
2	项目实施	确定计税方法	1. 小组查看宇飞有限公司2016年的房屋情况 2. 小组确定宇飞有限公司房产税的计算方法	1. 描述性讲解房产税的计算方法 2. 对学生关于房产税应纳税额计算方法的认定进行评价
		确定计税依据	1. 观察与理解房产税征税范围，确定计税依据 2. 按照宇飞有限公司房屋情况，确定公司计税依据	1. 展示确定房产税计税依据的范例 2. 逐一指导学生完成任务，纠正存在的错误
		计算应纳税额	1. 确定宇飞有限公司房产税税率 2. 小组提出疑问 3. 计算宇飞有限公司2016年房产税的应纳税额	1. 描述性讲解房产税应纳税额的计算公式 2. 组织具有代表性的小组阐述房产税的计算方法 3. 对学生遇到的问题逐一进行解答 4. 对存在的问题进行讲解，并对小组完成情况形成评价

阶段	项目教学过程		学生学的活动	教师教的活动
3	项目总结	项目展示与总体评价	1. 小组完成宇飞有限公司房产税计算 2. 评价其他小组的优点与不足，提高对房产税计算方法的理解	1. 组织学生展示各组或各人的最终成果 2. 组织学生对最终成果进行互评，通过发现他人的问题提高学生对房产税计算方法的理解
		项目学习小结	积极归纳房产税的计算方法	引导学生自我归纳房产税的计算方法

（六）技能评价

序号	技能	评判结果	
		是	否
1	能确定房产税的计税依据		
2	能正确计算房产税的应纳税额		

二、任务操作单

任务操作单

工作任务：房产税应纳税额的计算

注意事项：房产税的计税依据有两种，一是从价计征，二是从租计征；要分情况进行房产税应纳税额的计算。

	如果	那么		备注
		类型判定	处理	
1	房屋自用			P—D
2	房屋出租			P—D

三、学生工作页

学生工作页

任务名称： 房产税计算

一、工作目标（完成工作最终要达到的成果的形式）
根据宇飞有限公司2016年的房屋情况，利用房产税应纳税额的计算公式，完成宇飞有限公司2016年房产税的计算。 　　**案例：** 宇飞有限公司经营性用房的房产原值为1 000 000元，按照当地政府的规定，允许减除的比例为20%，适用税率为1.2%。计算该企业应纳的房产税。

二、工作实施（过程步骤、技术参数、要领等）

（一）布置任务，查看宇飞有限公司2016年房屋情况

（二）房产税的纳税义务人

房产税的纳税人是指负有房产税纳税义务的单位和个人。具体分为以下几种情况：

（1）_____

（2）_____

（3）_____

（4）_____

（5）_____

（三）税率

房产税的税率为比例税率。计税方法分为从价计征和从租计征。

（1）按房产余值计征的，年税率为_____；

（2）按房产出租的租金收入计征的，税率为_____；从2001年1月1日起，对个人按市场价格出租的居民住房，用于居住的，可减按_____的税率征收房产税。

（四）应纳税额的计算公式

（1）从价计征

应纳税额=_____

（2）从租计征

应纳税额=_____

[例6-4] 某公司出租房屋10间，年租金收入为300 000元，适用税率为12%。请计算其应纳房产税额。

（五）计算宇飞有限公司应缴纳的房产税

续表

三、工作反思（检验评价、总结拓展等）

1. 代表小组展示房产税计算方法。

2. 师生共同评价结果。

3. 选出优胜小组并予以鼓励。

4. 总结本模块学习内容，学生代表谈体会。

模块十二　房产税纳税申报

一、教学设计

（一）模块描述

根据宇飞有限公司2016年的房屋情况，利用房产税的纳税申报流程，完成宇飞有限公司2016年房产税的纳税申报。

（二）教学目标

◎ 能正确地填写房产税申报表。

◎ 能完成宇飞有限公司房产税纳税申报与税款缴纳。

（三）教学资源

◎ 多媒体PPT课件　实物投影仪　任务操作单　学生工作页

◎ 宇飞有限公司房屋情况

◎ 企业纳税申报系统

◎ 学生自带工具：财会专用笔　计算器

（四）教学组织

本模块的教学关键是技能的训练，基于宇飞有限公司2016年的房屋情况，以及对房产税纳税申报表填写方法的理解，逐步展开任务，由学生独立填制纳税申报表，完成宇飞有限公司2016年房产税纳税申报。由教师先行讲解房产税的纳税申报方法，学生以4~6人为一个小组进行讨论。让学生在执行的过程中，熟悉该方法，并能根据房产税征收管理办法填写房产税纳税申报表，完成房产税的纳税申报。各小组进行展示

表6-8 房产税纳税申报表

税款所属期：自 年 月 日至 年 月 日　　填表日期： 年 月 日　　金额单位：元至角分；面积单位：平方米

纳税人识别号：□□□□□□□□□□□

纳税人信息	名称				纳税人分类	单位□ 个人□
	登记注册类型				所属行业	
	身份证件类型	身份证□ 护照□ 其他□			身份证件号码	
	联系人				联系方式	

一、从价计征房产税

房产编号	房产原值	其中：出租房产原值	计税比例	税率	所属期起	所属期止	本期应纳税额	本期减免税额	本期已缴税额	本期应补（退）税额
1	*									
2	*									
3	*									
4	*									
5	*									
6	*									
7	*									
8	*									
9	*									
10	*									
合计	*	*	*	*	*	*				

二、从租计征房产税

	本期应纳税额	本期减免税额	本期已缴税额	本期应补（退）税额
本期申报租金收入	税率			
1				
2				
3				
合计				

以下由纳税人填写：

纳税人声明　此纳税申报表是根据《中华人民共和国房产税暂行条例》和国家有关税收规定填报的，是真实的、可靠的、完整的。

纳税人签章　　　　代理人签章　　　　代理人身份证号

以下由税务机关填写：

受理人　　　　受理日期 年 月 日　　受理税务机关签章

本表一式两份，一份纳税人留存，一份税务机关留存。

汇报，加强学生团结协作意识，教师进行总结点评。最后环节是师生共同将本节课的知识点进行归纳，尤其是房产税的纳税申报流程，此项由学生通过实践后再总结出，以加深学生印象。

（五）教学过程

阶段	项目教学过程		学生学的活动	教师教的活动
1	项目引入	项目描述	1. 接受任务，形成小组 2. 理解学习目标，完成房产税纳税申报	1. 展示宇飞有限公司2016年的房屋情况 2. 根据房产税的纳税申报方法，完成宇飞有限公司2016年房产税的纳税申报，做到准确无误
		知识准备	1. 能熟知房产税的纳税范围和税率 2. 能理解房产税的纳税申报表的填写方法和纳税申报	1. 解释性讲解房产税的纳税范围、税率和计算方法 2. 解释性讲解房产税纳税申报流程
		任务定位	1. 查询房产税的征税范围和税率 2. 梳理相关概念 3. 完成宇飞有限公司2016年房产税的纳税申报	1. 发放"项目六模块十二：房产税纳税申报"任务操作单、学生工作页 2. 示范房产税纳税申报 3. 在学生完成任务过程中，指出学生出现的错误；在学生进行咨询时，给予指导和帮助 4. 归纳性讲解学生在进行房产税纳税申报的任务实践过程中存在的共性问题 5. 确认所有学生明确任务并进入了工作者角色
2	项目实施	确定纳税申报流程	1. 小组查看宇飞有限公司2016年的房屋情况 2. 小组理解房产税的纳税申报流程	1. 描述性讲解房产税纳税申报的工作流程 2. 对学生关于房产税应纳税额纳税申报方法的认定进行评价
		填写纳税申报表	1. 查询相关房产税征收管理及相关优惠政策 2. 按照计算的房产税应纳税额，填写宇飞有限公司房产税纳税申报表	1. 引导学生填写房产税纳税申报表 2. 对学生遇到的问题逐一进行解答 3. 对存在的问题进行讲解，并对小组完成情况形成评价

续 表

阶段	项目教学过程		学生学的活动	教师教的活动
2	项目实施	完成纳税申报	1. 登录网上纳税申报系统，完成网上纳税申报 2. 在完成任务过程中，领悟团队协作意识、依法纳税意识	1. 引导学生完成宇飞有限公司房产税网上纳税申报 2. 对学生遇到的问题逐一进行解答 3. 对存在的问题进行讲解，并对小组完成情况形成评价 4. 在任务完成基础上，规定性讲解要求学生发展的团队合作意识、依法纳税意识等职业素养；通过对任务完成过程的观察，判断学生职业素养的发展状态
3	项目总结	项目展示与总体评价	1. 小组完成宇飞有限公司房产税纳税申报 2. 评价其他小组的优点与不足，提高对房产税纳税申报流程的理解	1. 组织学生展示各组或各人的最终成果 2. 组织学生对最终成果进行互评，通过发现他人的问题，提高学生对房产税纳税申报流程的理解
		项目学习小结	积极归纳房产税的纳税申报流程	引导学生自我归纳房产税的纳税申报流程

（六）技能评价

序号	技能	评判结果	
		是	否
1	能准确填写房产税纳税申报表		
2	能完成房产税网上纳税申报		

二、任务操作单

任务操作单

工作任务：房产税纳税申报表的填制

注意事项：房产税纳税人应按有关规定及时办理纳税申报，并如实填写房产税纳税申报表。

	编制项目	编制方法	编制标准	备注
1	纳税识别号	填写税务机关赋予的纳税人识别号	填写准确无误	C-E
2	纳税人名称	填写全称	填写准确无误	C-E
3	纳税人分类	分为单位和个人，个人含个体工商户	填写准确无误	C-E
4	税率	按房产原值征税的，适用1.2%的税率；按租金征税的，适用12%的税率；个人出租房产，适用4%的税率	填写准确无误	P-M
5	本期应纳税额	从价计征房产税的本期应纳税额=（房产原值-出租房产原值）×计税比例×税率÷12×（所属期止月份-所属期起月份+1）；从租计征房产税的本期应纳税额=本期应税租金收入×适用税率	填写准确无误	P-D
6	本期应补（退）税额	本期应补（退）税额=本期应纳税额-本期减免税额-本期已缴税额	填写准确无误	P-M

三、学生工作页

学生工作页

任务名称：　房产税纳税申报

一、工作目标（完成工作最终要达到的成果的形式）

　　根据宇飞有限公司2016年的房屋情况，利用房产税的纳税申报流程，完成宇飞有限公司2016年房产税的纳税申报。

二、工作实施（过程步骤、技术参数、要领等）

（一）房产税的征收管理

　　房产税在房产所在地缴纳。房产税实行按年计算、分期缴纳的征收办法，具体期限如下：

　　（1）＿＿＿＿＿＿＿＿＿＿＿＿＿＿＿＿＿＿＿＿＿＿＿＿＿＿＿＿

　　（2）＿＿＿＿＿＿＿＿＿＿＿＿＿＿＿＿＿＿＿＿＿＿＿＿＿＿＿＿

　　（3）＿＿＿＿＿＿＿＿＿＿＿＿＿＿＿＿＿＿＿＿＿＿＿＿＿＿＿＿

（4）_____

（5）_____

（6）_____

（7）_____

（二）填写纳税申报表

表6-8　房产税纳税申报表

税款所属期：自　　年　月　日至　　年　月　日　　　　填表日期：　　年　月　日

金额单位：元至角分；面积单位：平方米

纳税人识别号：□□□□□□□□□□□□□□□□□□□□□

纳税人信息	名称		纳税人分类		单位□　个人□	
	登记注册类型		所属行业			
	身份证件类型	身份证□　护照□ 其他□_____	身份证件号码			
	联系人		联系方式			

一、从价计征房产税

	房产编号	房产原值	其中：出租房产原值	计税比例	税率	所属期起	所属期止	本期应纳税额	本期减免税额	本期已缴税额	本期应补（退）税额
1	*										
2	*										
3	*										
4	*										
5	*										
6	*										
7	*										
8	*										
9	*										
10	*										
合计	*	*	*	*	*	*	*				

二、从租计征房产税

	本期申报租金收入	税率	本期应纳税额	本期减免税额	本期已缴税额	本期应补（退）税额
1						
2						
3						
合计						

以下由纳税人填写：				
纳税人声明	此纳税申报表是根据《中华人民共和国房产税暂行条例》和国家有关税收规定填报的，是真实的、可靠的、完整的。			
纳税人签章		代理人签章	代理人身份证号	
以下由税务机关填写：				
受理人		受理日期　　年　月　日	受理税务机关签章	

本表一式两份，一份纳税人留存，一份税务机关留存。

（三）登录网上纳税申报系统，完成宇飞有限公司的纳税申报
三、工作反思（检验评价、总结拓展等）

1. 代表小组展示纳税申报流程。
    2. 师生共同评价结果。
    3. 选出优胜小组并予以鼓励。
    4. 总结本模块学习内容，学生代表谈体会。

模块十三　车船税计算

一、教学设计

（一）模块描述

根据巨能集团2016年拥有车辆情况，利用车船税应纳税额的计算公式和纳税申报流程，完成巨能集团2016年车船税的计算。

案例： 巨能集团拥有小汽车5辆，每辆小汽车的年应纳税额为700元。计算该企业应缴纳的车船税应纳税额。

（二）教学目标

◎ 能判断车船税的征税范围及税率。

◎ 能完成车船税的计算。

◎ 能合理运用国家车船税的税收优惠政策。

（三）教学资源

◎ 多媒体PPT课件　实物投影仪　任务操作单　学生工作页

◎ 巨能集团车辆情况

◎ 学生自带工具：财会专用笔　计算器

（四）教学组织

本模块的教学关键是技能的训练，基于巨能集团2016年车辆情况，以及对车船税应纳税额计算方法的理解，逐步展开任务，由学生独立完成巨能集团2016年车船税应纳税额的计算。由教师先行讲解车船税的计算方法，学生以4～6人为一个小组进行讨论。让学生在执行的过程中，熟悉该计算方法，完成车船税的计算。各小组进行展示汇报，加强学生团结协作意识，教师进行总结点评。最后环节是师生共同将本节课的知识点进行归纳，尤其是车船税的计算方法，此项由学生通过实践后再总结出，以加深学生印象。

（五）教学过程

阶段	项目教学过程		学生学的活动	教师教的活动
1	项目引入	项目描述	1. 接受任务，形成小组 2. 理解学习目标，完成车船税的计算	1. 展示巨能集团2016年车辆情况 2. 根据车船税的计算方法，完成巨能集团2016年车船税应纳税额的计算，做到准确无误
		知识准备	1. 能熟知车船税的纳税范围和税率 2. 能记住车船税的计算方法	解释性讲解车船税的纳税范围、税率和计算方法
		任务定位	1. 查询车船税的征税范围和税率 2. 梳理相关概念 3. 完成巨能集团车船税的计算	1. 发放"项目六模块十三：车船税计算"任务操作单、学生工作页 2. 示范车船税的计算 3. 在学生完成任务过程中，指出学生出现的错误；在学生进行咨询时，给予指导和帮助 4. 归纳性讲解学生在进行车船税计算的任务实践过程中存在的共性问题 5. 确认所有学生明确任务并进入了工作者角色
2	项目实施	确定计税方法	1. 小组查看巨能集团车辆情况 2. 小组确定巨能集团车船税的计算方法	1. 描述性讲解车船税的计算方法 2. 对学生关于车船税应纳税额计算方法的认定进行评价
		确定计税依据	1. 观察与理解车船税征税范围，确定计税依据 2. 按照巨能集团车辆情况，确定公司计税依据	1. 展示确定车船税计税依据的范例 2. 逐一指导学生完成任务，纠正存在的错误

续表

阶段	项目教学过程	学生学的活动	教师教的活动
2	项目实施 / 计算应纳税额	1. 确定巨能集团车船税的适用税率 2. 小组提出疑问 3. 计算巨能集团车船税应纳税额	1. 描述性讲解车船税应纳税额的计算公式 2. 组织具有代表性的小组阐述车船税的计算方法 3. 对学生遇到的问题逐一进行解答 4. 对存在的问题进行讲解，并对小组完成情况形成评价
3	项目总结	项目展示与总体评价 1. 小组完成巨能集团车船税计算 2. 评价其他小组的优点与不足，提高对车船税计算方法的理解	1. 组织学生展示各组或各人的最终成果 2. 组织学生对最终成果进行互评，通过发现他人的问题，提高学生对车船税计算方法的理解
		项目学习小结 积极归纳车船税的计算方法	引导学生自我归纳车船税的计算方法

（六）技能评价

序号	技能	评判结果 是	评判结果 否
1	能确定车船税的计税依据		
2	能正确计算车船税的应纳税额		

二、任务操作单

任务操作单

工作任务：车船税的计算

注意事项：车船税是按照计税车船辆（吨位）数计算。

	步骤	操作方法与说明	质量	备注
1	确定计税依据	1. 计税依据为计税车船辆（吨位）数	计算结果正确无误	C-M

续　表

	步骤	操作方法与说明	质量	备注
1	确定计税依据	2. 载客汽车、摩托车按辆数计税，载货汽车、专项作业车、三轮汽车、低速货车、船舶按吨位数计税	计算结果正确无误	C-M
2	确定税额	查找适用的税额	税率查找无误	C-E
3	计算应纳税额	根据计税依据及税额计算公式计算车船税。年应纳税额=计税车船辆（吨位）数×适用税额；应纳税额=年应纳税额÷12×应纳税月份	计算结果正确无误	P-D

三、学生工作页

学生工作页

任务名称： 车船税计算

一、工作目标（完成工作最终要达到的成果的形式）

　　根据巨能集团2016年拥有车辆情况，利用车船税应纳税额的计算公式和纳税申报流程，完成巨能集团2016年车船税的计算与纳税申报。

　　案例： 巨能集团拥有小汽车5辆，每辆小汽车的年应税额为700元。计算该企业应缴纳的车船税应纳税额。

二、工作实施（过程步骤、技术参数、要领等）

（一）布置任务，查看巨能集团2016年拥有车辆情况

（二）车船税的纳税义务人

车船税的纳税人是指在我国境内拥有车辆的单位和个人。

（三）征税范围

（1）车辆

（2）船舶

（四）税目及税率

车船税实行定额税率。

表6-9 车船税税目税额表

税目		计税单位	年基准税额（元）	备注
乘用车按发动机气缸容量（排气量分档）	1.0升（含）以下的	每辆	60～360	核定载客人数9人（含）以下
	1.0升以上至1.6升（含）的		300～540	
	1.6升以上至2.0升（含）的		360～660	
	2.0升以上至2.5升（含）的		660～1 200	
	2.5升以上至3.0升（含）的		1 200～2 400	
	3.0升以上至4.0升（含）的		2 400～3 600	
	4.0升以上的		3 600～5 400	
商用车	客车	每辆	480～1 440	核定载客人数9人（包括电车）以上
	货车	整备质量每吨	16～120	1.包括半挂牵引车、挂车、客货两用汽车、三轮汽车和低速载货汽车等 2.挂车按照货车税额的50%计算
其他车辆	专用作业车	整备质量每吨	16～120	不包括拖拉机
	轮式专用机械车	整备质量每吨	16～120	
摩托车		每辆	36～180	拖船、非机动驳船分别按照机动船舶税额的50%计算；游艇的税额另行规定
船舶	机动船舶	净吨位每吨艇	3～6	核定载客人数9人（包括电车）以上
	游艇	身长度每米	600～2 000	1.包括半挂牵引车、挂车、客货两用汽车、三轮汽车和低速载货汽车等 2.挂车按照货车税额的50%计算

（五）应纳税额的计算公式

应纳税额=_____

（六）计算巨能集团应缴纳的车船税

[例6-5]巨能集团拥有小汽车6辆，每辆小汽车的年应税税额为700元。计算该企业应缴纳的车船税。

续 表

三、工作反思（检验评价、总结拓展等）

　　1.代表小组展示车船税计算方法。

　　2.师生共同评价结果。

　　3.选出优胜小组并予以鼓励。

　　4.总结本模块学习内容，学生代表谈体会。

模块十四　车船税纳税申报

一、教学设计

（一）模块描述

　　根据巨能集团2016年拥有车辆情况，按照车船税的纳税申报流程，完成巨能集团2016年车船税的纳税申报。

（二）教学目标

　　◎ 能正确地填写车船税纳税申报表。

　　◎ 能完成巨能集团车船税纳税申报与税款缴纳。

（三）教学资源

　　◎ 多媒体PPT课件　实物投影仪　任务操作单　学生工作页

　　◎ 巨能集团经济业务内容

　　◎ 企业纳税申报系统

　　◎ 学生自带工具：财会专用笔　计算器

（四）教学组织

　　本模块的教学关键是技能的训练，基于巨能集团2016年拥有车辆的情况，以及对车船税纳税申报表填写方法的理解，逐步展开任务，由学生独立填制纳税申报表，完成巨能集团2016年车船税纳税申报。由教师先行讲解车船税的纳税申报方法，学生以4～6人为一个小组进行讨论。让学生在执行的过程中，熟悉该方法，并能根据车船税征收管理办法填写车船税纳税申报表，完成车船税的纳税申报。各小组进行展示汇报，加强学生团结协作意识，教师进行总结点评。最后环节是师生共同将本节课的知识点进行归纳，尤其是车船税的纳税申报流程，此项由学生通过实践后再总结出，以

表6-10 车船税纳税申报表

税款所属期限：自 年 月 日至 年 月 日　　填表日期： 年 月 日

纳税人识别号：

金额单位：元至角分

纳税人名称						纳税人身份证照号码		纳税人身份证照类型				
纳税人身份证照号码						居住（单位）地址						
联系人						联系方式						

序号	（车辆）号牌号码/（船舶）登记号码	车船识别代码（车架号/船舶识别号）	征收品目	计税单位	计税单位的数量	单位税额	年应缴税额	本年减免税额	减免性质代码	减免税证明号	当年应缴税额	本年已缴税额	本期年应补（退）税额
	1	2	3	4	5	6	7=5*6	8	9	10	11=7-8	12	13=11-12
合计	—	—	—	—	—	—			—	—			

申报车辆总数（辆）　　申报船舶总数（艘）

以下由申报人填写：

纳税人声明：此纳税申报表是根据《中华人民共和国车船税法》和国家有关税收规定填报的，是真实的、可靠的、完整的。

纳税人签章	代理人签章	代理人身份证号

以下由税务机关填写：

受理人	受理日期	受理税务机关（签章）

加深学生印象。

（五）教学过程

阶段	项目教学过程		学生学的活动	教师教的活动
1	项目引入	项目描述	1. 接受任务，形成小组 2. 理解学习目标，完成车船税纳税申报	1. 展示巨能集团2016年拥有车辆的情况 2. 根据车船税的申报方法，完成巨能集团2016年车船税的纳税申报，做到准确无误
		知识准备	1. 能熟知车船税的纳税范围和税率 2. 能理解车船税纳税申报表的填写方法和车船税的纳税申报流程	1. 解释性讲解车船税的纳税范围、相关应税消费品的税率和计算方法 2. 解释性讲解车船税纳税申报流程
		任务定位	1. 查询车船税的征税范围和税率 2. 梳理相关概念 3. 完成巨能集团车船税的纳税申报	1. 发放"项目六模块十四：车船税纳税申报"任务操作单、学生工作页 2. 示范车船税纳税申报 3. 在学生完成任务过程中，指出学生出现的错误；在学生进行咨询时，给予指导和帮助 4. 归纳性讲解学生在进行车船税纳税申报的任务实践过程中存在的共性问题。 5. 确认所有学生明确任务并进入了工作者角色
2	项目实施	确定纳税申报流程	1. 小组查看巨能集团车辆使用情况 2. 小组理解车船税的纳税申报流程	1. 描述性讲解车船税的纳税申报流程 2. 对学生关于车船税纳税申报方法的认定进行评价
		填写纳税申报表	1. 查询车船税相关征收管理及相关优惠政策 2. 按照计算的车船税应纳税额，填写巨能集团2016年车船税纳税申报表	1. 引导学生填写车船税纳税申报表 2. 对学生遇到的问题逐一进行解答 3. 对存在的问题进行讲解，并对小组完成情况形成评价

阶段	项目教学过程		学生学的活动	教师教的活动
2	项目实施	完成纳税申报	1. 登录网上纳税申报系统完成网上纳税申报 2. 在完成任务过程中，领悟团队协作意识、依法纳税意识	1. 引导完成巨能集团车船税网上纳税申报 2. 对学生遇到的问题逐一进行解答 3. 对存在的问题进行讲解，并对小组完成情况形成评价 4. 在任务完成基础上，规定性讲解要求学生发展的团队合作意识、依法纳税意识等职业素养；通过对任务完成过程的观察，判断学生职业素养的发展状态
3	项目总结	项目展示与总体评价	1. 小组完成巨能集团车船税纳税申报 2. 评价其他小组的优点与不足，提高对车船税纳税申报流程任务的理解	1. 组织学生展示各组或各人的最终成果 2. 组织学生对最终成果进行互评，通过发现他人的问题，提高学生对车船税纳税申报流程的理解
		项目学习小结	积极归纳车船税的纳税申报流程	引导学生自我归纳车船税的纳税申报流程

（六）技能评价

序号	技能	评判结果	
		是	否
1	能准确填写车船税纳税申报表		
2	能完成车船税网上纳税申报		

二、任务操作单

任务操作单

工作任务：车船税纳税申报表的填制

注意事项：车船税纳税人应按有关规定及时办理纳税申报，并如实填写车船税纳税申报表

	编制项目	编制方法	编制标准	备注
1	税款所属期限	填写纳税年度1月1日至12月31日	填写准确无误	C-E
2	纳税人识别号	单位纳税人填写，个人纳税人不填写	填写准确无误	C-E
3	年应缴税额	按照计算的应纳税额进行填写	填写准确无误	P-D
4	本年已缴税额	填写实际缴纳的税额	填写准确无误	P-D
5	本年应补（退）税额	填写"当年应缴税额－本年已缴税额"的差值	填写准确无误	P-D

三、学生工作页

学生工作页

任务名称：车船税纳税申报

一、工作目标（完成工作最终要达到的成果的形式）

　　根据巨能集团2016年拥有车辆情况，按照车船税的纳税申报流程，完成巨能集团2016年车船税的纳税申报。

二、工作实施（过程步骤、技术参数、要领等）

（一）车船税的税收优惠

法定减免

（1）_____

（2）_____

（3）_____

（4）_____

（5）＿＿＿＿＿＿＿＿＿＿＿＿＿＿＿＿＿＿＿＿＿＿＿

（6）＿＿＿＿＿＿＿＿＿＿＿＿＿＿＿＿＿＿＿＿＿＿＿

（7）＿＿＿＿＿＿＿＿＿＿＿＿＿＿＿＿＿＿＿＿＿＿＿

特定减免

（1）＿＿＿＿＿＿＿＿＿＿＿＿＿＿＿＿＿＿＿＿＿＿＿

（2）＿＿＿＿＿＿＿＿＿＿＿＿＿＿＿＿＿＿＿＿＿＿＿

（二）征收管理

车船税的纳税义务发生时间，为车船管理部门核发的车船登记证书或者行驶证书所记载日期的当月。

车船税按年申报缴纳。车船税的纳税年度自公历1月1日起至12月31日止。

（三）填写纳税申报表

表6-10　车船税纳税申报表

税款所属期限：自　　年　月　日至　　年　月　日　　　　填表日期：　　年　月　日

金额单位：元至角分

纳税人识别号：☐☐☐☐☐☐☐☐☐☐☐☐☐☐☐☐☐☐

纳税人名称		纳税人身份证照类型	
纳税人身份证照号码		居住（单位）地址	
联系人		联系方式	

序号	（车辆）号牌号码/（船舶）登记号码	车船识别代码(车架号/船舶识别号)	征收品目	计税单位	计税单位的数量	单位税额	年应纳税额	本年减免税额	减免性质代码	减免税证明号	当年应缴税额	本年已缴税额	本期年应补（退）税额
	1	2	3	4	5	6	7=5*6	8	9	10	11=7-8	12	13=11-12
合计	—	—	—	—	—			—					

续表

申报车辆总数（辆）		申报船舶总数（艘）	
以下由申报人填写：			
纳税人声明	此纳税申报表是根据《中华人民共和国车船税法》和国家有关税收规定填报的，是真实的、可靠的、完整的。		
纳税人签章		代理人签章	代理人身份证号
以下由税务机关填写：			
受理人		受理日期	受理税务机关（签章）

（四）登录网上纳税申报系统，完成巨能集团的纳税申报

三、工作反思（检验评价、总结拓展等）

1. 代表小组展示纳税申报流程。

2. 师生共同评价结果。

3. 选出优胜小组并予以鼓励。

4. 总结本模块学习内容，学生代表谈体会。

税收基础项目整体教学设计

一、设计说明

本课程项目开发以教师汇编的企业经济业务和资料为项目背景，课程设计思路贯穿整个税收纳税申报实际操作流程，让学生亲身体验企业主要税种的计算、申报与缴纳，让学生熟悉并掌握税务会计的特点、任务、工作组织、操作流程，既有理论支撑又有实操经验。通过学习，让学生树立依法纳税的会计工作理念。

二、项目一览表

序号	工作任务	子任务	项目	子任务课时	任务课时
1	增值税的计算与纳税申报	模块1　一般纳税人增值税计算	1. 东方公司2019年4月份增值税的计算与纳税申报（一般纳税人）	5	20
		模块2　一般纳税人增值税纳税申报		5	
		模块3　小规模纳税人增值税计算	2. 远昌公司2018年9月份增值税的计算与纳税申报（小规模纳税人）	5	
		模块4　小规模纳税人增值税纳税申报		5	
2	消费税的计算与纳税申报	模块1　从价定率计征消费税	1. A日化公司2019年4月份消费税的计算与纳税申报	5	5

续　表

序号	工作任务	子任务	项　目	子任务课时	任务课时
2	消费税的计算与纳税申报	模块2　从量定额计征消费税	2. B成品油公司2019年4月份消费税的计算与纳税申报	4	10
		模块3　从价从量复合计征消费税	3. C烟酒公司2019年4月份消费税的计算与纳税申报	4	
		模块4　消费税纳税申报		2	
3	关税的计算与缴纳	模块1　关税的计算	九州公司2016年3月份关税的计算与缴纳	4	6
		模块2　关税缴纳		2	
4	企业所得税的计算与纳税申报	模块1　企业所得税的计算	亿佳日用品公司2016年3月份企业所得税的计算与纳税申报	15	20
		模块2　企业所得税的纳税申报		5	
5	个人所得税的计算与纳税申报	模块1　综合所得个人所得税计算	1. 李某2019年度综合所得个人所得税的计算与缴纳	2	4
		模块2　经营所得个人所得税计算	2. 个体工商户张某2019年经营所得个人所得税的计算	1	
		模块3　财产转让所得个人所得税计算	3. 李某2019年转让房产所得个人所得税计算	1	
		模块4　财产租赁所得个人所得税计算	4. 王某2019年出租房屋所得个人所得税的计算	1	5
		模块5　利息、股息、红利所得个人所得税计算	5. 赵某2019年利息、股息、红利所得个人所得税计算	1	
		模块6　偶然所得个人所得税计算	6. 朱某2019年参加某商场抽奖所得个人所得税计算	1	
		模块7　个人所得税纳税申报	7. 李某2019年度个人所得税的纳税申报	2	

序号	工作任务	子任务	项 目	子任务课时	任务课时
6	其他小税种的计算与纳税申报	模块1 城市维护建设税与教育费附加计算	1. 东方公司2018年9月城市维护建设税与教育费附加的计算与纳税申报 2. 红玉有限公司2016年3月份印花税的计算与纳税申报 3. 振达公司2019年4月份车辆购置税的计算与纳税 4. 信义公司2019年4月资源税的计算与纳税申报 5. 全福元百货2016年城镇土地使用税的计算与纳税申报 6. 宇飞有限公司2016年房产税的计算与纳税申报 7. 巨能集团2016年车船税的计算与纳税申报	1	14
		模块2 城市维护建设税与教育费附加纳税申报		1	
		模块3 印花税计算		1	
		模块4 印花税纳税申报		1	
		模块5 车辆购置税计算		1	
		模块6 车辆购置税纳税申报		1	
		模块7 资源税计算		1	
		模块8 资源税纳税申报		1	
		模块9 城镇土地使用税计算		1	
		模块10 城镇土地使用税纳税申报		1	
		模块11 房产税计算		1	
		模块12 房产税纳税申报		1	
		模块13 车船税计算		1	
		模块14 车船税纳税申报		1	
	合计	37			90

税收基础课程标准

一、前言

（一）课程定位

本课程是中职会计电算化专业的核心课程，适用于中等职业学校会计电算化专业。其主要功能是使学生熟知我国主流税种的基本知识，学会正确计算主流税种的应纳税额及纳税申报，进而让学生具备胜任公司税务会计这一岗位的能力。

本课程是课程体系中承前启后的专业必修课。前置课程设计有：基础会计、经济法。后续课程设计有：企业财务会计、会计实务等。

（二）设计思路

"税收基础"作为会计专业的一门知识型、技能型相结合的核心课程，主要阐述了当前主流税种的识别、计算、优惠、征管和申报。通过本课程的学习，从理论、方法和技能上，为学生学习其他专业类课程打下坚实的基础。

本课程的目的是培养能按照国家现行税收制度，规范、准确、熟练地完成增值税、消费税、关税、所得税等纳税申报的人才。立足这一目的，本课程结合中职学生的学习能力水平与税收会计的岗位职业能力要求，依据我国现行税法共制定了四条课程目标。这四条目标分别涉及的是增值税、消费税、关税、所得税等税种的界定、计算、申报以及税收优惠等方面的内容，教材编写、教师授课、教学评价都应依据这一目标定位进行。

依据上述课程目标定位，本课程从工作任务、知识要求与技能要求三个维度对课程内容进行规划与设计，以使课程内容更好地与现行税制要求相结合。本教材划分了增值税、消费税、关税、所得税、其他小税种的计算与纳税申报等几大模块，知识与技能内容则依据工作任务完成的需要进行确定。分析过程中，尤其注意了整个内容的完整性，以及知识与技能的相关性，在对知识与技能的描述上也力求详细与准确。

技能及其学习要求采取了"能做……"的形式进行描述；知识及其学习要求则采取了"能描述……"和"能理解……"的形式进行描述，即区分了两个学习层次，"描述"指学生能熟练识记知识点，"理解"指学生把握知识点的内涵及其关系。

"税收基础"是一门实用性很强的课程，需要将理论准确地应用于实践之中。本课程学习的重点就是在基础理论的指导下，理解并掌握实践操作。不仅要学会运用应纳税额的计算方法，还要弄清计算方法的基本原理，进而能够独立地进行税收计算以及税款的申报缴纳。

本课程建议学时数90，计5学分。

二、课程目标

◎ 能熟知增值税、消费税、关税、所得税等主流税种的基本要素，判断界定企业所需缴纳的税种。

◎ 能掌握增值税、消费税、关税、所得税等主流税种应纳税额的计算方法，完成企业各项税费的计算。

◎ 能熟知企业纳税申报环节、准确地填写企业纳税申报表，完成企业各项税费的纳税申报与税款缴纳。

◎ 能熟知国家税收优惠和征收管理政策并合理运用，在合法范围内减轻企业税收负担。

三、课程内容和要求

序号	工作任务	技能要求	学习水平			知识要求	学习水平			项目	项目质量标准
			基本	熟练	强化		基本	熟练	强化		
1	增值税的计算	● 能判断企业增值税的征税范围及税率 ● 能完成企业增值税税费的计算			√	● 能概述增值税的定义、纳税义务人、扣缴义务人和征税范围			√	1. 东方公司2019年4月份增值税的计算与纳税申报（一般纳税人）	1. 增值税应纳税额的计算准确无误

续表

序号	工作任务	技能要求	学习水平			知识要求	学习水平			项目	项目质量标准
			基本	熟练	强化		基本	熟练	强化		
1	增值税的计算	●能合理运用国家增值税税收优惠政策，减轻企业税负			√	●能熟知增值税的税率和征收率 ●能记住一般纳税人和小规模纳税人应纳税额的计算公式 ●能熟知国家与增值税的纳税期限、纳税地点、增值税专用发票的管理等相关的征收管理政策			√	2.远昌公司2018年9月份增值税的计算与纳税申报（小规模纳税人）	2.增值税纳税申报表填写准确无误并按时按期缴纳增值税
2	增值税纳税申报	●能完成企业增值税的纳税申报 ●能完成企业增值税的税款缴纳		√		●能熟知国家增值税征收管理政策 ●能准确地填写增值税纳税申报表		√			
3	消费税额计算	●能判断企业消费税所属的税目及相应税率			√	●能概述消费税的定义、特点、征税范围			√	1.A日化公司2019年4月份消费税的计算与纳	1.消费税应纳税额的计算准确无误

续表

序号	工作任务	技能要求	学习水平			知识要求	学习水平			项目	项目质量标准
			基本	熟练	强化		基本	熟练	强化		
3	消费税额计算	● 能完成企业消费税税费的计算			√	● 能熟知消费税的14个税目及对应税率 ● 能记住从价定率、从量定额以及复合计征的计算公式			√	税申报 2. B成品油公司2019年4月份消费税的计算与纳税申报 3. C烟酒公司2019年4月份消费税的计算与纳税申报	2. 消费税纳税申报表填写准确无误并按时按期缴纳消费税
4	消费税的纳税申报	● 能完成消费税的纳税申报 ● 能完成消费税的税款缴纳		√		● 能熟知与消费税纳税义务发生时间、纳税期限、纳税地点等相关的征收管理政策 ● 能准确填写消费税纳税申报表		√			
5	关税的计算	● 能判断企业关税所属的关税税则及相应税率			√	● 能概述关税的定义、征税对象、纳税义务人			√	九州公司2016年3月份关税的计算与缴纳	1. 关税应纳税额的计算准确无误

续表

序号	工作任务	技能要求	学习水平			知识要求	学习水平			项目	项目质量标准
			基本	熟练	强化		基本	熟练	强化		
5	关税的计算	● 能完成企业关税税费的计算			√	● 能熟知关税的税则和税率 ● 能记住从价税应纳税额、从量税应纳税额、复合税应纳税额以及滑准税应纳税额的计算公式 ● 能熟知国家关税的税收优惠政策			√	九州公司2016年3月份关税的计算与缴纳	2. 按时按期缴纳关税
6	关税的缴纳	● 能完成公司关税的缴纳		√		●能熟知与关税的缴纳、保全措施、退还以及补征追征等相关的征收管理政策		√			
7	企业所得税的计算	● 能判断企业企业所得税的征税对象及税率			√	● 能概述企业所得税的定义、征税对象			√	亿佳日用品公司2016年3月份企业所得税的计算与纳税申报	1. 企业所得应纳税额的计算准确无误

序号	工作任务	技能要求	学习水平			知识要求	学习水平			项目	项目质量标准
			基本	熟练	强化		基本	熟练	强化		
7	企业所得税的计算	● 能完成企业企业所得税税费的计算 ● 能合理运用国家企业所得税税收优惠政策，减轻企业税负			√	● 能熟知企业所得税的税率 ● 能记住企业所得税应纳税额的计算公式 ● 能熟知国家企业所得税的税收优惠政策			√	亿佳日用品公司2016年3月份企业所得税的计算与纳税申报	2. 企业所得税纳税申报表填写准确无误并按时按期缴纳企业所得税
8	企业所得税的纳税申报	● 能完成企业所得税的纳税申报 ● 能完成企业所得税的税款缴纳			√	● 能熟知国家与企业所得税纳税地点、纳税期限等相关的征收管理政策 ● 能准确地填写企业所得税纳税申报表			√		
9	个人所得税的计算	● 能判断个人所得税的征税对象及税率			√	● 能概述个人所得税的定义、征税范围			√	1. 李某2019年度个人所得税的计算与缴纳	1. 个人所得税应纳税额的计算准确无误

续 表

序号	工作任务	技能要求	学习水平			知识要求	学习水平			项目	项目质量标准
			基本	熟练	强化		基本	熟练	强化		
9	个人所得税的计算	●能完成个人所得税税费的计算			√	●能熟知个人所得税的税率 ●能记住个人所得税应纳税额的计算公式 ●能熟知国家个人所得税的税收优惠政策			√	2.个体工商户张某2019年经营所得个人所得税的计算 3.李某2019年转让房产所得个人所得税计算 4.王某2019年出租房屋所得个人所得税的计算 5.赵某2019年利息、股息、红利所得个人所得税计算 6.朱某2019年参加某商场抽奖所得个人所得税计算 7.李某2019年度个人所得税的纳税申报	2.个人所得税纳税申报表和扣缴个人所得税报告表填写准确无误并按时按期缴纳个人所得税
10	个人所得税的申报缴纳	●能完成个人所得税的纳税申报 ●能完成个人所得税的税款缴纳		√		●能熟知国家个人所得税征收管理政策 ●能准确地填写个人所得税纳税申报表和扣缴个人所得税报告表		√			

续表

序号	工作任务	技能要求	学习水平			知识要求	学习水平			项目	项目质量标准
			基本	熟练	强化		基本	熟练	强化		
11	城市维护建设税与教育费附加的计算与纳税申报	● 能完成城建税与教育费附加应纳税额的计算 ● 能完成城建税与教育费附加的纳税申报与缴纳		√		● 能概述城建税与教育费附加的征税范围 ● 能熟知城建税与教育费附加的计税依据及税率 ● 能记住城建税与教育费附加应纳税额的计算公式 ● 能熟知城建税与教育费附加的税收优惠和征收管理政策 ● 能准确填写城建税与教育费附加的申报表		√		东方公司2018年9月城市维护建设税与教育费附加的计算与纳税申报	1. 城市维护建设税与教育费附加应纳税额的计算准确无误 2. 城市维护建设税与教育费附加纳税申报表填写准确无误并按时按期缴纳城建税与教育费附加
12	印花税的计算与纳税申报	● 能完成印花税应纳税额的计算 ● 能完成印花税的纳税申报与缴纳		√		● 能概述印花税的征税范围 ● 能熟知印花税的税目及税率 ● 能记住印花税的计税方法		√			1.印花税应纳税额的计算准确无误

续 表

序号	工作任务	技能要求	学习水平			知识要求	学习水平			项目	项目质量标准
			基本	熟练	强化		基本	熟练	强化		
12	印花税的计算与纳税申报	●能完成印花税应纳税额的计算 ●能完成印花税的纳税申报与缴纳		√		●能熟知印花税的税收优惠和征收管理政策 ●能准确填写印花税纳税申报表		√		红玉有限公司2016年3月份印花税的计算与纳税申报	2.印花税纳税申报表填写准确无误并按时按期缴纳印花税
13	车辆购置税的计算与纳税申报	●能完成车辆购置税应纳税额的计算 ●能完成车辆购置税的纳税申报与缴纳		√		●能概述车辆购置税的征税范围 ●能熟知车辆购置税的税率及计税依据 ●能记住车辆购置税的计算公式 ●能熟知车辆购置税的税收优惠和征收管理政策 ●能准确填写车辆购置税纳税申报表		√		振达公司2019年4月份车辆购置税的计算与纳税申报	1.车辆购置税应纳税额的计算准确无误 2.车辆购置税纳税申报表填写准确无误并按时按期缴纳车辆购置税

序号	工作任务	技能要求	学习水平			知识要求	学习水平			项目	项目质量标准
			基本	熟练	强化		基本	熟练	强化		
14	资源税的计算与纳税申报	●能完成资源税应纳税额的计算 ●能完成资源税的纳税申报与缴纳		√		●能概述资源税的纳税义务人和扣缴义务人 ●能熟知资源税的税目及税率 ●能记住资源税的计算公式 ●能熟知资源税的税收优惠和征收管理政策 ●能准确填写车辆购置税纳税申报表		√		信义公司2019年4月资源税的计算与纳税申报	1.资源税应纳税额的计算准确无误 2.资源税纳税申报表填写准确无误并按时按期缴纳资源税
15	城镇土地使用税的计算与纳税申报	●能完成城镇土地使用税应纳税额的计算 ●能完成城镇土地使用税的纳税申报与缴纳		√		●能概述城镇土地使用税的纳税义务人、征税范围 ●能熟知城镇土地使用税的税率 ●能记住城镇土地使用税的计算公式		√		全福元百货2016年城镇土地使用税的计算与纳税申报	1.城镇土地使用税应纳税额的计算准确无误

续表

序号	工作任务	技能要求	学习水平			知识要求	学习水平			项目	项目质量标准
			基本	熟练	强化		基本	熟练	强化		
15	城镇土地使用税的计算与纳税申报	● 能完成城镇土地使用税应纳税额的计算 ● 能完成城镇土地使用税的纳税申报与缴纳		√		● 能熟知城镇土地使用税的税收优惠和征收管理政策 ● 能准确填写城镇土地使用税纳税申报表		√			2. 城镇土地使用税纳税申报表填写准确无误并按时按期缴纳城镇土地使用税
16	房产税的计算与纳税申报	● 能完成房产税应纳税额的计算 ● 能完成房产税的纳税申报与缴纳		√		● 能概述房产税的纳税义务人、征税范围 ● 能熟知房产税的税率 ● 能记住房产税从价计征、从租计征的计算公式 ● 能熟知房产税的税收优惠和征收管理政策 ● 能准确填写房产税纳税申报表		√		宇飞有限公司2016年房产税的计算与纳税申报	1. 房产税应纳税额的计算准确无误 2. 房产税纳税申报表填写准确无误并按时按期缴纳房产税

续 表

序号	工作任务	技能要求	学习水平			知识要求	学习水平			项目	项目质量标准
			基本	熟练	强化		基本	熟练	强化		
17	车船税的计算与纳税申报	● 能完成车船税应纳税额的计算 ● 能完成车船税的纳税申报与缴纳		√		● 能概述车船税的纳税义务人、征税范围 ● 能熟知车船税的税目与税率 ● 能记住车船税的计算公式 ● 能熟知车船税的税收优惠和征收管理政策 ● 能准确填写车船税纳税申报表		√		巨能集团2016年车船税的计算与纳税申报	1. 车船税应纳税额的计算准确无误 2. 车船税纳税申报表填写准确无误并按时按期缴纳车船税

四、实施建议

（一）教材编写和选用

1. 必须依据本课程标准编写和选择教材。

2. 教材应充分体现任务引领实践导向的课程设计思想，以工作任务为主线设计教材结构。

3. 教材在内容上紧跟国家税制改革，取消了营业税模块，实行"营改增"，更体现本教材的与时俱进。

4. 教材应以学生为本，文字通俗、表达简练，内容展现应图文并茂，图例与案例应引起学生的兴趣，重在提高学生学习的主动性和积极性。

（二）教学方法

本课程采用"理实一体"的教学模式，充分利用电子课件、投影、视频、音频、动画演示、多媒体教学软件等，为学生提供纳税业务办理过程的演示，把学生带入一个虚拟现实的学习场景中。在教学过程中，注意激发学生热情，培养学生吃苦耐劳的精神，增强学生的自信心，从而实现纳税技能训练目标。

本课程的教学方法主要包括项目小组教学法、课堂讲授法、任务驱动教学法、演示模拟教学法、案例教学法等。

1.项目小组教学法

本课程的全部学习任务就是要完成6个教学项目，每个教学项目都要完成与实际工作相同的从原始凭证到纳税申报表的数据归集处理过程。在教学过程中，将学生分成若干小组，通过小组成员模拟不同工作角色共同努力完成项目工作任务。

2.课堂讲授法

课堂讲授法运用于基本知识的传授，注重利用教学场所的多媒体设备，通过多媒体演示，向学生展示各个项目的流程，讲解重要的知识点，分析实际案例。

3.任务驱动教学法

教师向学生布置本课程、本项目的学习任务，要求学生带着要完成的任务去学习。将教学组织分为任务引入、任务策划、任务实施、任务评价、任务拓展五步。以学生为主体完成相关工作任务的知识、技能、准备等信息的搜集，制定课程教学方案，并准备各项教学资料。教学实施过程中，教师应着重指导学生按照规范化的要求和纳税工作流程分角色实施模拟工作过程，实现以学生为主体的"教、学、做"一体化教学。

4.演示模拟教学法

教师给出要解决的具体问题，要求学生提出具体实现方案和具体操作步骤；教师利用报税系统，进行现场示范操作；学生体会教师演示操作过程后，动手独立操作并相互检查，明确提出操作过程中的问题；最后由教师给出操作过程的总结，列出操作中的问题和应该改进的事项。

5.案例教学法

可以采用办税业务的实用案例、违法处理的警示案例等进行演示，引导课程内容的展开，激发学生的学习兴趣；通过案例分析促进学生的思考，加深学生对增值税、消费税、关税、所得税的理解。

（三）课程资源

1.常用课程资源的开发和利用

幻灯片、投影、录像、多媒体课件等资源有利于创设形象生动的学习环境，激发学生的学习兴趣，促进学生对知识的理解和掌握。建议加强常用课程资源的开发，建立多媒体课程资源的数据库，努力实现跨学校的多媒体资源共享。

2. 注重网络课程资源的开发和利用。

充分利用诸如电子书籍、电子期刊、数据库、数字图书馆、教育网站和电子论坛等网上信息资源，丰富教学内涵。积极开发课程网站，与科技部门共同开发与课程配套的教学实训系统软件，创设网络课堂，提供实训在线操作，突破教学空间和时间的局限性，使教学过程多样化，丰富教学活动。

3. "产学合作"开发税收基础课程实训课程资源

充分利用本行业典型的资源，加强产学合作，建立实习实训基地，满足学生的实习实训，在此过程中进行实训课程资源的开发。

4. 建立开放式企业税收实训操作中心

建立开放式企业税收实训操作中心，使之具备职业技能证书考证、实验实训、现场教学的功能，将教学与培训合一、教学与实训合一，满足学生综合职业能力培养的要求。

（四）教学评价

本课程的考核成绩分为知识鉴定成绩和能力鉴定成绩两部分。其中，知识鉴定成绩占总成绩的50%、能力鉴定成绩占总成绩的50%，主要考核与评价学生对各税种计算、申报和会计核算技能的掌握。

知识鉴定成绩分为平时知识鉴定成绩和期末知识综合性鉴定成绩两部分。平时知识鉴定成绩占总成绩的20%，主要根据平时作业、课堂抽查和学习态度等方面进行评价，其中学习态度根据平时作业上交的及时性、独立性与正确性，考勤情况和课堂纪律等方面进行综合评分；期末知识综合性鉴定成绩占总成绩的30%，由教师根据各项目的知识目标组卷并采取闭卷笔试的方式进行考核。

能力鉴定成绩分为平时能力鉴定成绩和期末能力综合性鉴定成绩两部分。平时能力鉴定成绩占总成绩的20%，主要根据实务操作、案例分析完成情况和学习态度几个方面进行综合评价，反映学生对项目知识的掌握及应用情况；期末能力综合性鉴定成绩占总成绩的30%，是评价学生对本课程综合能力掌握程度的主要依据，考核形式采用面试的方法，由教师提供多个案例，学生采用抽签方式抽出其中的几个案例，学生扮演办税员角色，教师扮演其他角色配合学生进行操作，按其正确程度评分。

五、其他说明

1. 本课程教学标准适用于中职院校会计电算化专业。

2. 任务操作单中的"备注"用于区分学习领域或特别困难的任务和技能。

学习领域：C代表认知学习领域；A代表情感学习领域；P代表技能学习领域。

学习难度：E代表容易；M代表中等；D代表困难。